하나님의
구출 계획

THE GOSPEL PROJECT

가스펠 프로젝트

구약 2

하나님의 구출 계획

중고등부

지은이 · LifeWay Students
옮긴이 · 오주영
감수 · 김병훈, 이희성, 곽상학
초판 발행 · 2017년 2월 13일
2판 1쇄 발행 · 2025년 4월 15일
등록번호 · 제1988-000080호
등록된 곳 · 서울특별시 용산구 서빙고로65길 38
발행처 · 사단법인 두란노서원
영업부 · 02-2078-3352, 3452, 3752, 3781 FAX 080-749-3705
편집부 · 02-2078-3437
디자인 · 땅콩프레스

책값은 뒤표지에 있습니다.
ISBN 978-89-531-4685-3 04230 / 978-89-531-4668-6(세트)

가스펠 프로젝트 홈페이지 · gospelproject.co.kr
두란노몰 · mall.duranno.com

차례

구속하시는 하나님  첫 번째 이야기 출애굽기 2~17, 32장

율법을 주시는 하나님 두 번째 이야기 출애굽기, 레위기, 신명기

2

God Delivers

발간사

두란노서원을 통해 라이프웨이(LifeWay)의 《가스펠 프로젝트》 성경 공부 교재 시리즈를 발간할 수 있도록 인도하신 하나님께 감사드립니다. 험한 소리로 가득한 세상에 이 책을 다릿돌처럼 놓습니다. 우리 삶은 말씀을 만난 소리로 풍성해져야 합니다. 주님을 만난 기쁨의 소리, 진실 앞에서 탄식하는 소리, 죄를 씻는 울음소리, 소망을 품은 기도 소리로 가득해야 합니다.

《가스펠 프로젝트》는 신구약을 관통하는 예수 그리스도의 복음을 발견하고, 그 가르침을 삶에 적용하는 지혜를 얻도록 기획한 성경 공부 교재입니다. 어린아이부터 어른에 이르기까지 생애주기에 따른 복음 메시지를 잘 배울 수 있습니다. 또한, 거짓 진리가 미혹하는 이 시대에 건강한 신학과 바른 교리로 말씀을 조명하여 성도의 신앙이 좌로나 우로나 치우치지 않도록 돕습니다.

두란노서원은 지금까지 "오직 성경, 복음 중심, 초교파적 관점"을 바탕으로 한국 교회와 성도를 꾸준히 섬겨 왔습니다. 오직 성경의 정신에 입각해 책과 잡지를 출판해 왔으며, 성경에 근거한 복음 중심의 신학을 포기한 적이 없습니다. 그리고 교단과 교파를 초월하여 교회와 성도가 하나님의 나라를 바라볼 수 있도록 돕기 위해 노력해 왔습니다. 《가스펠 프로젝트》는 두란노가 지켜 온 세 가지 가치를 충실하게 담은 책입니다.

성경은 구원을 위한 책이며, 구원사의 주인공은 예수 그리스도입니다. 창세기부터 요한계시록까지 오직 예수 그리스도의 복음만을 전하는 《가스펠 프로젝트》 성경 공부 교재를 통해 복음의 은혜와 진리를 깊이 경험하고, 복음 중심의 삶이 마음 판에 새겨지기를 바랍니다. 그리고 예수 그리스도 복음에 굳게 선 한 사람의 영향력이 가정과 교회와 사회에 흘러감으로써 거룩한 하나님 나라가 확산되어 가기를 소망합니다.

두란노서원 원장 **이 형 기**

두란노가 출간하는 《가스펠 프로젝트》는 무엇보다도 전통적으로 교회가 풀어 온 흐름을 충실히 따라 성경을 해설하고 있습니다. 그리고 그 방향은 궁극적으로 예수 그리스도를 향해 나아가고 있습니다. 이것은 예수님이 구약과 신약의 모든 성경이 자신을 가리키고 있다고 하신 말씀에 비추어 매우 타당한 것입니다. 게다가 그리스도 중심적 해설을 무리하게 전개하지 않습니다. 각 본문에서 하나님의 구원 언약과 그것을 실현하시는 하나님을 드러내면서, 그리스도의 예표적 설명이 가능한 사건을 놓치지 않고 풀어내고 있습니다.

성경 공부 교재는 명시적으로 혹은 암시적으로 제시하는 교리적 진술이 교리체계상 건전해야 합니다. 《가스펠 프로젝트》는 99개 조에 이르는 핵심 교리들을 일목요연하게 제시하여 교리의 건전성을 확인할 수 있도록 도움을 줍니다. 《가스펠 프로젝트》의 교리는 교파를 막론하고, 예수 그리스도의 복음에 충실한 복음주의 교회들에게 환영받을 만합니다. 물론 교파마다 약간의 이견을 갖는 부분들이 있을 수 있겠지만 각 교회에서 교재를 활용하는 데에 무리가 없을 것으로 판단합니다. 《가스펠 프로젝트》의 특징은 각 과에서 학습한 내용을 핵심 교리와 연결해 주며, 그 결과 그리스도의 복음에 관련한 교리적 이해를 강화시킨다는 데에 있습니다.

끝으로 《가스펠 프로젝트》는 어떤 성경 주해서나 교리 학습서가 갖지 못하는 훌륭한 장점을 가지고 있습니다. 그것은 학습자를 하나님과 그리스도의 복음 앞으로 나오도록 이끌며 자신의 신앙과 삶을 돌아보도록 하는 적용의 적실성과 훈련의 효과입니다. 아울러 선교적 안목을 열어 주는 적용 질문들을 더해 준 것은 《가스펠 프로젝트》에서 얻을 수 있는 커다란 유익입니다.

《가스펠 프로젝트》는 성경을 개괄적으로 매주 한 과씩, 3년의 기간 동안 일목요연하게, 그리고 그리스도 중심적으로 공부하도록 이끌어 준다는 점에서, 한국 교회의 기초를 성경 위에 놓는 일에 대단히 커다란 공헌을 할 것으로 믿어 의심치 않습니다.

김병훈 _ 합동신학대학원대학교 조직신학 교수

아모스 선지자가 타락의 일로를 걷고 있던 북이스라엘을 향해 선포한 메시지가 생각납니다. "보라 날이 이를지라 내가 기근을 땅에 보내리니 양식이 없어 주림이 아니며 물이 없어 갈함이 아니요 여호와의 말씀을 듣지 못한 기갈이라"(암 8:11). 주전 8세기 아모스 선지자의 외침이 오늘 이 시대에 다시 메아리쳐 오고 있습니다. 온갖 이단들이 영적으로 갈급한 성도들을 향해 검은손을 내밀고 있습니다. 이들은 성경 구절을 단편적으로 이해하고 왜곡하여 교리를 구축한 후 성도들을 혼란에 빠뜨리고 있습니다. 두란노의 《가스펠 프로젝트》는 성도들이 겪고 있는 이러한 갈증을 해소해 줄 수 있는 참으로 유익한 성경 공부 교재입니다.

첫째, 《가스펠 프로젝트》는 성경 전체 흐름과 문맥에 따라 구성되어 성경의 큰 그림을 볼 수 있도록 도와줍니다. 또 성경 각 본문의 의미를 깊이 이해할 수 있도록 해당 분야의 전문 성경 신학자들의 주석적 견해를 잘 소개하고 있습니다. 둘째, 본문 연구와 함께 관련 핵심 교리들을 적절하게 소개하여 성경과 교리를 연결할 수 있습니다. 또 모든 과에서 그리스도와의 연결점을 찾아 제시해 주므로 구약 본문을 통해서도 복음을 깨달을 수 있습니다. 성경 공부 전 과정을 마치면 성도들이 복음에 대한 견고한 믿음을 가지게 될 것입니다. 셋째, 성경 공부를 통한 적용의 초점을 선교에 맞추어 성도들이 삶의 현장에서 복음의 증인으로서이 사명을 감당할 수 있게 도와줍니다. 마지막으로, 주일학교 어린이부터 장년에 이르기까지 동일한 주제와 본문으로 성경을 공부하도록 구성하였기 때문에 모든 교인이 한 말씀 안에서 한 믿음의 공동체를 이루며 성숙해 가는 영적 부흥을 경험하게 될 것입니다.

두란노의 《가스펠 프로젝트》를 통해 말씀이 갈급한 기근의 시대에 영적 해갈의 기쁨을 경험하시기 바랍니다.

이희성 _ 총신대학교 구약학 교수

✝ 일반적으로 교육의 3요소를 교육 주체인 교사, 교육 객체인 학생, 교육 내용인 교육 과정(curriculum)이라고 말합니다. 기독교 교육 또한 교회 학교 교사나 가정의 부모가 교육 주체가 되어 다음 세대인 청소년들에게 복음이 담긴 성경을 가르치는 것입니다. 교육 과정을 제외하고는 공교육과 기독교 교육이 본질적으로 다를 수 없는데, 시대의 요청이나 학습자의 역량에 따라 교육 과정이 바뀌는 공교육과 달리, 성경이라는 절대 진리가 교육 과정인 기독교 교육은 수요자 중심의 창의적 상호 작용 등 교육 방법론에 취약점을 보인 것이 사실입니다.

《가스펠 프로젝트》는 객관론적인 인식론에 근거한 프로젝트 수업을 염두에 두었기 때문에, 안내하고 조력하는 교사의 역할 수행과 자연스럽고도 적극적인 학생들의 반응이 만나 성경의 내용을 '지금 그리고 여기'를 사는 '나'와 접목시켜 진지하게 대면하게 합니다. 매 과마다 청소년 설교 제목과 같은 간가적인 제목으로 문을 열고 들어가 'HIS STORY'를 만나게 됩니다. 그뿐 아니라 연대표('TIME LINE'), '알짬 교리 99' 등은 다소 지루할 수 있는 성경의 이야기를 청소년 특유의 감성으로 그들의 지적 호기심을 채워 주기에 충분합니다. 또한 '그리스도와의 연결'로 구속사적 흐름을 놓치지 않고 그리스도의 복음을 충실히 따르고 있습니다. 영원불변하는 하나님의 말씀이 21세기에 대한민국에서 살아가는 중학생, 고등학생의 실제 이야기로 잘 구현되도록 한 'YOUR STORY', 그리고 'HEAD'(생각)와 'HEART'(마음)가 어떻게 'HANDS'(행동)로 이어지는가에 대한 'YOUR MISSION'은 성경 공부의 매우 중요한 연결 고리가 될 것입니다.

《가스펠 프로젝트》는 그리스도 중심의 성경 공부 교재이자, 성경 전체를 꿰뚫는 복음의 알파와 오메가로서 이 시대에 새로운 기독교 교육의 이정표가 될 것을 확신합니다.

곽상학 _ 전 온누리교회 협동 목사

✝ 우리 시대의 전 세계적 교회 부흥은 두 가지 샘을 갖고 있습니다. 한 샘은 오순절 부흥운동의 샘입니다. 이 샘으로 많은 시대의 목마른 영혼들이 목마름을 해갈했습니다. 또 하나의 샘은 성경 연구의 샘입니다. 남침례교 주일학교 운동은 이 샘의 개척자입니다. 이 샘으로 지금도 많은 성도들이 목마름을 해갈하고 있습니다. 미 남침례교 라이프웨이 출판사는 이러한 사역을 충실히 감당해 왔습니다. 《가스펠 프로젝트》는 모든 필요를 공급하는 원천이 될 것입니다. 《가스펠 프로젝트》로 한국 교회의 목마름이 해갈되기를 기도합니다. 《가스펠 프로젝트》는 쉬우면서도 결코 피상적이지 않습니다. 믿음의 단계를 따라 하나님의 자녀들에게 꼭 필요한 복음의 진수를 맛보게 해 줄 것입니다. 이 체계적인 교재로 이 땅에 새로운 영적 르네상스가 일어나기를 기대합니다.

이동원 _ 지구촌교회 원로목사, 지구촌 미니스트리 네트워크 대표

✝ 《가스펠 프로젝트》는 예수 그리스도 중심의 제자 양육 교재입니다. 성도들을 변화와 성숙으로 이끌어 주는 귀한 교재가 조국 교회와 이민 교회에 소중하게 쓰임 받기를 바랍니다. 특별히 이민 2세들은 영어 교재 원본을 사용할 수 있는 까닭에 큰 도움이 될 것입니다.

강준민 _ LA 새생명비전교회 담임 목사

✝ 성경은 예수 그리스도를 중심으로 하는 하나님의 구원 이야기입니다. 성경을 가르치는 일은 하나님의 구원에 동참하는 하나님의 사람을 만드는 일이며, 하나님의 사람의 탁월한 모델은 바로 예수 그리스도입니다. 《가스펠 프로젝트》는 예수 그리스도를 중심으로 성경을 배웁니다. 성경이 어떻게 그리스도와 연결되어 있는지, 또 성도의 삶이 그리스도를 중심으로 하는 하나님의 구원 계획에 어떻게 연결되어야 하는지 구체적으로 제시합니다.

특히 《가스펠 프로젝트》는 하나의 본문으로 각 연령에 맞게 구성한 교재를 제공하여 하나의 본문으로 전 세대를 연결하고, 가정과 교회를 하나 되게 합니다. 신앙의 전수가 중요한 시대에 성도와 교회와 가정이 한마음으로 다음 세대를 준비시키기에 적합합니다. 특히 가정에서 부모가 자녀와 말씀으로 대화를 나눌 수 있게 하여 자녀 신앙 교육에 도움이 될 것입니다.

《가스펠 프로젝트》가 주일학교부터 장년에 이르기까지 전 교회와 성도의 각 가정에서 사용되어 예수 그리스도를 통한 하나님의 가스펠 프로젝트가 성취되기를 기도하면서 기쁨과 확신으로 추천합니다.

이재훈 _ 온누리교회 담임 목사

✝ 　《가스펠 프로젝트》는 성경을 예수 그리스도 중심으로 심도 있게 살피도록 도우면서, 또한 그것을 이야기 형식으로 제시하며 실질적으로 적용하도록 이끄는 탁월함이 보입니다. 이는 청소년들이 자연스럽게 주변 또래들에게 자신이 경험한 예수 그리스도와 복음에 대해 나눌 수 있게 합니다.

왕동식 _ 서울YFC(십대선교회) 대표, 청소년사역자협의회 회장

✝ 　《가스펠 프로젝트》는 복음주의적인 관점에서 성경을 이해하며 성경적 가치관을 형성하는 데 큰 도움을 줍니다. 특히 예수 그리스도를 모든 과에서 그 중심에 두어 구속사적으로 이해할 수 있도록 돕습니다. 또한 각 과별 주제도 친근할 뿐 아니라 다음 세대의 눈높이에 맞추고 있어서 적극 추천합니다.

황성건 _ (사)청소년선교햇불 대표, 소금과빛 국제학교 운영 이사

✝ 　사역 현장에서는 하나님의 말씀을 효율적으로 가르칠 수 있는 좋은 방법과 교재에 늘 목말라합니다. 그런 점에서 그 필요를 잘 충족해 줄 교재가 출간되어 기쁜 마음으로 추천합니다.

김운용 _ 장로회신학대학교 실천신학 교수

✝ 　《가스펠 프로젝트》는 하나님의 말씀으로 우리를 초청해서 예수 그리스도를 만나게 하고 사랑하게 만드는 훌륭한 교재입니다. 자녀들이 교회 학교에서, 부모들이 소그룹에서 말씀을 공부한 후에 저녁 식탁에 둘러앉아 예수님에 대해 함께 나눌 수 있다는 것은, 상상만 해도 너무나도 멋지고 복된 일입니다.

김지철 _ 전 소망교회 담임 목사

✝ 　성경이 가르치는 구원의 도리인 교리를 성경 본문을 통해 배우기가 쉽지 않기 때문에 좋은 안내서가 필요합니다. 《가스펠 프로젝트》는 이와 같은 역할을 탁월하게 수행하고 있기 때문에 기쁜 마음으로 추천합니다.

이성호 _ 고려신학대학원 역사신학 교수

✝ 　《가스펠 프로젝트》는 어린이부터 장년까지 성경에서 예수님이라는 보석을 찾는 눈을 활짝 열어 주는 놀라운 교재입니다. 각 연령대에 맞게 구성된 본 교재를 통해 예수님을 다시 발견하고 한국 교회가 더욱 견고하게 되기를 바랍니다.

최병락 _ 강남중앙침례교회 담임 목사

일러두기

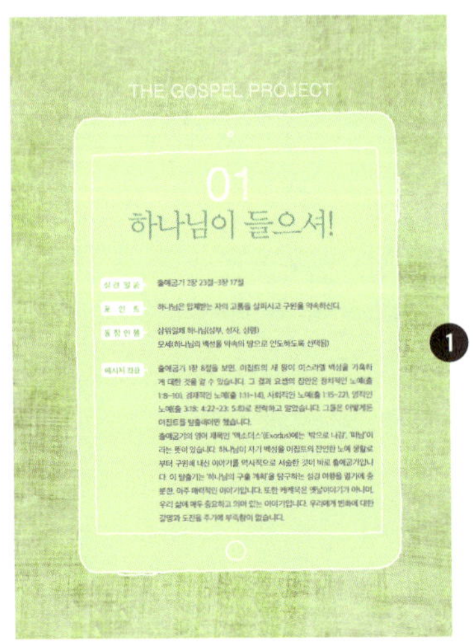

INTRO ❶

'HIS STORY'에서 다룰 내용을 간략히 소개하면서 시작합니다. '성경 말씀'에서는 해당 성경 구절을, '포인트'에서는 핵심 내용을, '등장인물'에서는 본문에 누가 나오는지를, '메시지 좌표'에서는 본문에서 다루는 내용을 소개합니다.

HIS STORY ❷

성경의 개요를 따르며 하나님이 구속사에서 행하신 역사에 초점을 맞춰 본문을 살펴봅니다. 본문과 연결되는 기독교 핵심 교리를 소개하는 '알짬 교리 99', 성경을 시간 순으로 바라보도록 그림과 함께 정리한 '연대표', 본문과 주제가 어떻게 예수 그리스도를 가리키는지 그 상관성을 살피는 '그리스도와의 연결'이 있습니다.

YOUR STORY ❸

하나님이 과거에 행하셨던 일을 현재와 연결해 볼 수 있도록 합니다. 각 질문에 토론하고 답변하면서, 하나님이 당시 성경 인물에게 행하셨던 일이 오늘의 삶과도 연관됨을 깨달을 수 있을 것입니다.

YOUR MISSION ❹

하나님의 이야기가 우리 삶에 어떤 변화를 일으킬 수 있는지를 보게 합니다. 단순한 성경 지식 공부를 넘어서, 사명감을 가지고 이 세상을 살아가라는 하나님의 부르심을 깨닫는 시간이 될 것입니다.

가스펠 프로젝트 홈페이지(gospelproject.co.kr)에서 다양한 자료를 만나 볼 수 있습니다.

구속하시는 하나님

출애굽기 2~17, 32장

출애굽기

14장 13~14절

모세가 백성에게 이르되 너희는 두려워하지 말고 가만히 서서
여호와께서 오늘 너희를 위하여 행하시는 구원을 보라
너희가 오늘 본 애굽 사람을 영원히 다시 보지 아니하리라
여호와께서 너희를 위하여 싸우시리니 너희는 가만히 있을지니라

01
하나님은 들으셔!

성경 말씀 출애굽기 2장 23절~3장 17절

포 인 트 하나님은 압제받는 자의 고통을 살피시고 구원을 약속하신다.

등 장 인 물 삼위일체 하나님(성부, 성자, 성령)
모세(하나님의 백성을 약속의 땅으로 인도하도록 선택됨)

메시지 좌표 출애굽기 1장 8절을 보면, 이집트의 새 왕이 이스라엘 백성을 가혹하게 대한 것을 알 수 있습니다. 그 결과 요셉의 집안은 정치적인 노예(출 1:8~10), 경제적인 노예(출 1:11~14), 사회적인 노예(출 1:15~22), 영적인 노예(출 3:18; 4:22~23; 5:8)로 전락하고 말았습니다. 그들은 어떻게든 이집트를 탈출해야만 했습니다.

출애굽기의 영어 제목인 '엑소더스'(Exodus)에는 '밖으로 나감', '떠남'이라는 뜻이 있습니다. 하나님이 자기 백성을 이집트의 잔인한 노예 생활로부터 구원해 내신 이야기를 역사적으로 서술한 것이 바로 출애굽기입니다. 이 탈출기는 '하나님의 구출 계획'을 탐구하는 성경 여행을 열기에 충분한, 아주 매력적인 이야기입니다. 또한 케케묵은 옛날이야기가 아니며, 우리 삶에 매우 중요하고 의미 있는 이야기입니다. 우리에게 변화에 대한 갈망과 도전을 주기에 부족함이 없습니다.

**모세가
하나님과
말하다**

하나님이 자신을 모세에게
계시하시고 구원을 약속하시다.

**하나님의 영광이
드러나다**

하나님이 모든 열방 가운데
자기 영광을 나타내시다.

억눌린 마음, 하나님이 들으셔!

출애굽기 2장에는 모세가 태어나고(1~10절) 자라고(11~15절) 도망하는(15~22절) 이야기가 나옵니다. 23절에서는 이집트의 왕이 바뀌는 이야기가 나오는데, 그래도 그 땅의 노예였던 이스라엘 백성의 삶은 변함없이 힘겨웠습니다. 고통에 신음하던 그들은 도움을 구하기 위해 울부짖을 수밖에 없었습니다.

그들의 부르짖음을 하나님은 들으셨습니다. 하나님은 또한 그들이 압제당하는 것을 보셨고, 그 상황에 주목하셨습니다(출 2:24~25). 하나님은 보셨습니다. 하나님은 분명히 아셨습니다. 하나님의 세심한 성품이 성경 곳곳에서 드러나고 있습니다. 주님의 백성은 그들의 하나님을 향해 울부짖을 수 있고, 하나님이 그들에게 귀 기울이시고 그들의 형편을 주목하시는 것을 믿을 수 있습니다.

자주 만나는 유명인이 있나요? 만약 누군가가 그 유명인을 기사나 방송으로 보기만 했다면 서로 잘 안다고 말할 수 있을까요?

____

____

여러 해 후에 애굽 왕은 죽었고 이스라엘 자손은 고된 노동으로 말미암아 탄식하며 부르짖으니 그 고된 노동으로 말미암아 부르짖는 소리가 하나님께 상달된지라 하나님이 그들의 고통 소리를 들으시고 하나님이 아브라함과 이삭과 야곱에게 세운 그의 언약을 기억하사 하나님이 이스라엘 자손을 돌보셨고 하나님이 그들을 기억하셨더라

절실한 마음, 하나님이 들으셔!

모세는 사명을 받았지만, 그것을 받아들이지 못했습니다. 그는 하나님의 부르심에 순종할 수 없는 핑계들을 댔습니다. 그러자 하나님은 그분의 권능에 관해 설명해 주시면서 모세가 내놓는 핑계와 질문에 일일이 답해 주셨습니다.

자신감이 없었던 모세는 하나님께 "내가 누구이기에"(출 3:11)라면서 질문을 시작했습니다. 이 말은, 자신은 40년 동안 광야에만 있었던 사람이라는 뜻입니다. 생각해 보면, 한때 왕자였다지만 당시 모세는 미천한 목자였을 뿐입니다. 하나님은 일개 목자에게 당대 최고 권력자 앞에서 수많은 노예를 풀어 달라고 요구하라고 명령하신 것입니다. 이 요구는 평범한 노동자가 강대국 대통령에게 전쟁을 선포하는 것과 다름없습니다.

모세는 평범한 사람이었습니다. 그러나 하나님은 모세에게 가장 중요한 것이 무엇인지 가르쳐 주셨습니다. 바로 '하나님'입니다. 하나님은 "내가 반드시 너와 함께 있으리라"(출 3:12)라고 말씀하셨습니다. 이것이 바로 우리가 성경을 통해 알 수 있는 것입니다. 하나님의 지도자에게 필요한 것은 '하나님과의 동행'입니다. 하나님을 섬기는 데 있어 타협의 여지란 없습니다. 요셉, 모세, 여호수아, 기드온, 여호사밧 그리고 예수님의 제자들이 그랬습니다(마 28:18~20 참조). 하나님은 그들 모두와 함께하셨습니다.

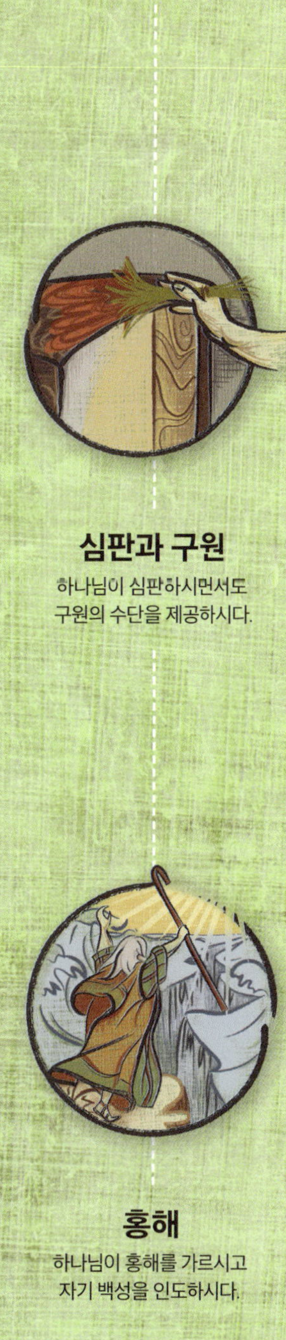

심판과 구원

하나님이 심판하시면서도 구원의 수단을 제공하시다.

홍해

하나님이 홍해를 가르시고 자기 백성을 인도하시다.

그리스도와의 연결

이야기의 처음에 모세가 장인의 양 떼를 몰았다는 내용이 나옵니다. 그가 목자였다는 사실은 매우 의미심장합니다. 이집트 사람들은 목자를 대단찮게 생각했지만(창 46:34 참조), 중요한 모범이 되어야 하는 목양의 역할이 성경 곳곳에서 드러납니다.

모세가 미디안 광야에서 목자로 40년을 보냈고, 목자 다윗이 양을 지키다가 왕이 되었는데, 이를 통해 하나님이 목자를 즐겨 사용하셨다는 것을 알 수 있습니다. 심지어 그분 자신에 대해서도 목자에 비유하셨습니다(시 23:1). 마침내 구원은 양들을 위해 목숨을 버리는 선한 목자이신 예수님을 통해 이루어집니다(요 10:11).

우리가 이미 알고 있는 대로, 하나님의 계획이 펼쳐졌습니다. 하나님은 머뭇거리는 목자-중재자 모세에게 구원의 약속을 주시면서 그분의 백성에게 응답하셨습니다. 여기서 우리는 예수님, 즉 우리에게 하나님의 선함과 의로움을 온전히 드러내시는, '스스로 있는' 위대한 분을 성경을 통해 고대하게 됩니다. 예수님은 양들을 위해 자기 목숨을 내어 주는 선한 목자처럼 우리를 '노예'에서 '자유인'으로, '어둠의 왕국'에서 '빛의 나라'로 인도하셨습니다.

광야 생활

이스라엘이 믿음으로 하나님을 따라야만 하는 길을 떠나 약속의 땅으로 향하다.

금송아지

이스라엘이 하나님이 아닌 우상을 경배하다.

알짬 교리 **99**

죄의 노예

에덴동산에서 아담과 하와가 타락함으로써 모든 인류는 죄의 본성을 물려받아 죄와 반역으로 기울게 되었습니다. 인간은 죄의 노예가 되어(롬 6:17), 하나님의 계명을 항상 위반하는 존재가 되었습니다. 그리스도께서 이루신 일을 통해 구원을 체험한 후에라야 성령의 능력을 통해 죄의 속박을 이겨 낼 수 있습니다(롬 8:2).

하나님이 들려주시는 이야기는 오늘을 사는 나와 늘 연결되어 있습니다. 아래 질문에 답하면서 성경 이야기가 내 이야기와 어떻게 연결되는지 생각해 봅시다.

▶ 내가 당하는 모든 억울한 일을 하나님이 지켜보신다는 사실이 위로가 되나요? 내가 혼자 있을 때 행했던 모든 불의를 하나님이 지켜보셨다는 사실을 알고 나서 어떤 마음이 들었나요?

▶ 하나님이 억눌린 자의 부르짖음을 들으시는 이유는 무엇일까요? 하나님이 우리를 통해 일하실 수 있도록 세상의 불의와 압제에 관심을 기울이며 살아가나요?

▶ 하나님이 맡기신 일 같지만, 그것을 맡기에는 자신이 자격이나 능력이 없다고 생각하는 일이 있나요? 하나님의 약속은 그 일을 할 수 있도록 어떤 힘이 될까요?

▶ 하나님의 말씀을 전하지 못하게 하는 두려움은 무엇인가요? 구원을 주시는 하나님에 대한 믿음이 그것을 극복하는 데 도움이 될까요?

하나님의 이야기
하나님이 그분의 아들
예수 그리스도를 통해
우리를 구속해 주신 이야기

우리의 이야기
우리의 이야기가
하나님의 이야기와
만나는 곳

HEAD

생 각

성경에 따르면, 모세는 하나님을 만나자 '얼굴을 가렸습니다.' 왜 그랬을까요? 거룩하신 분 앞에 섰기 때문입니다. 우리는 모세가 느낀 두려움을 이해해야 합니다. 우리도 하나님 앞에 서면 경외감을 느끼게 될 테니까요. 그러나 믿는 자는 더 이상 두려움으로 숨을 필요가 없습니다. 그리스도의 사역 덕분에 우리는 하나님께 나아갈 수 있습니다.

- 하나님을 향한 경외심을 높이는 방법에는 무엇이 있을까요?

- 하나님을 '두려워하는 것'과 '경외하는 것'은 어떻게 다릅니까?

HEART

마 음

믿는 자는 하나님의 눈으로 자신의 가능성을 봅니다. 하나님은 모세에게 그분의 능력에 의지하라고 말씀하셨습니다(출 4:11~12). 우리에게 눈과 입을 주신 하나님이 모세에게 파라오 앞에서 말할 능력도 주시지 않겠습니까?

- 모세가 하나님의 계획 앞에서 둘러댄 핑곗거리는 무엇이었나요? 모세처럼 내가 하나님의 계획 앞에서 둘러대는 핑곗거리가 있다면 무엇인가요?

- 하나님의 부르심을 알아차릴 수 있는 방법은 무엇일까요? 하나님의 부르심 앞에서 기꺼이 그분의 능력에 의지할 수 있나요?

HANDS

행 동

하나님은 모세에게 이스라엘 백성을 예배자와 증인으로 세우기 위해 노예 신분으로부터 구원할 것이라고 말씀하셨습니다(출 3:1~10). 바울은 에베소 성도들에게 예수님을 믿는 자에게 일어나는 일이 바로 이런 것이라고 말했습니다(엡 2:1~10). 그의 말에 따르면, 그리스도인은 선한 일을 위해 진노에서 구원받은 것입니다.

- 선한 일을 하는 동기가 하나님의 은혜여야 하는 이유는 무엇일까요?

- 하나님이 우리를 죄의 노예 신분에서 구원하여 그분의 은혜와 자비의 증인이 되게 하셨다는 진리를 주위 사람들에게 어떻게 전할 수 있을까요?

> 다음 모임까지 욥 33:1~40:5; 시 19편을 읽어 보세요.

은혜와 심판이 나란히!

성 경 말 씀	출애굽기 6장 2~9절; 7장 14~18절
포 인 트	하나님은 자기 백성을 위로하시고 그분을 거스르는 자들을 대적하시면서 그분의 영광을 선포하신다.
등 장 인 물	삼위일체 하나님(성부, 성자, 성령) 모세(하나님의 백성을 약속의 땅으로 인도하도록 선택됨) 파라오(이집트의 통치자)
메시지 좌표	하나님은 아브라함과 이삭과 야곱에게 주신 약속을 잊지 않으셨습니다. 에덴동산에서 시작된 구원 계획을 계속 펼치시며, 언젠가 모든 것을 바로잡으실 것입니다. 하나님은 이스라엘을 선택해 모든 열방이 축복받을 수 있는 통로가 되게 하셨습니다. 그들을 통해 반드시 하나님의 영광을 높이실 것입니다. 하나님은 파라오와 이집트의 거짓 신들에 대적하는 재앙을 보내시면서 하나님의 영광과 은혜를 나타내셨습니다. 이 모든 것을 통해 하나님께 대적할 자가 아무도 없음이 드러나게 됩니다. 하나님은 홀로 하나님이시며, 그분만이 모든 찬양과 영광을 받을 자격이 있으십니다.

하나님의 영광이 드러나다

하나님이 모든 열방 가운데 자기 영광을 나타내시다.

심판과 구원

하나님이 심판하시면서도 구원의 수단을 제공하시다.

하나님의 백성에게 자비를!

지난 과에서는 하나님이 이스라엘 백성을 위해 모세와 아론을 하나님의 뜻을 전할 자로 세우시는 모습을 살펴봤습니다. 그들은 파라오 앞에 서야 했고, 하나님은 그분이 상황을 통제하고 계시다는 사실로 모세를 안심시켜 주셨습니다(출 6:1). 하나님은 몇 가지 약속을 주면서 그를 위로하셨습니다.

출애굽기 6장 2~8절에 나타난 하나님의 약속을 적어 보세요. 그중에서 이스라엘 백성에게 가장 중요한 약속은 무엇이었을까요?

____

____

____

하나님의 약속은 미래를 향해 큰 희망을 품게 해 주고, 어둠 속에서도 그분의 영광을 떠올리게 합니다. 여기서 우리는 하나님이 모세에게 엄청난 약속을 주셨음을 발견하게 됩니다.

'내가 하리라'라는 성명임을 고려하면서 네 가지 약속을 살펴봅시다. 내가 "너희를 빼내며"(출 6:6상), "너희를 속량하여"(출 6:6하),

> **출애굽기 6장 2~8절**
>
> 하나님이 모세에게 말씀하여 이르시되 나는 여호와이니라 내가 아브라함과 이삭과 야곱에게 전능의 하나님으로 나타났으나 나의 이름을 여호와로는 그들에게 알리지 아니하였고 가나안 땅 곧 그들이 거류하는 땅을 그들에게 주기로 그들과 언약하였더니 이제 애굽 사람이 종으로 삼은 이스라엘 자손의 신음 소리를 내가 듣고 나의 언약을 기억하노라 그러므로 이스라엘 자손에게 말하기를 나는 여호와라 내가 애굽 사람의 무거운 짐 밑에서 너희를 빼내며 그들의 노역에서 너희를 건지며 편 팔과 여러 큰 심판들로써 너희를 속량하여 너희를 내 백성으로 삼고 나는 너희의 하나님이 되리니 나는 애굽 사람의 무거운 짐 밑에서 너희를 빼낸 너희의 하나님 여호와인 줄 너희가 알지라 내가 아브라함과 이삭과 야곱에게 주기로 맹세한 땅으로 너희를 인도하고 그 땅을 너희에게 주어 기업을 삼게 하리라 나는 여호와라 하셨다 하라

"너희를 내 백성으로 삼고 나는 너희의 하나님이 되리니"(출 6:7), "내가 아브라함과 이삭과 야곱에게 주기로 맹세한 땅으로 너희를 인도"(출 6:8)하리라. 이 네 가지 진술에서 모두 하나님의 구원 사역이 드러나고 있습니다.

하나님의 대적자에게는 심판을!

출애굽기 6장의 놀라운 약속에도 불구하고, 모세와 이스라엘 백성은 어떠했습니까? 그들은 하나님의 계획을 좀처럼 믿지 못했습니다(출 6:9~13, 26~30 참조). 출애굽기 6장 10~13절에서 하나님은 모세에게 말씀하셨습니다. 파라오에게 돌아가라고 말입니다. 그러자 모세는 불신과 절망을 드러냈습니다. 모세는 당황했습니다. 이스라엘 백성조차 믿기 힘든 말을 어떻게 파라오로 하여금 듣게 하신다는 것인지 이해할 수 없었던 것입니다. 하지만 파라오에게 다시 가서 임무를 수행하라고 하나님은 모세와 아론에게 분명히 명하셨습니다.

하나님은 자기 백성을 위로하실 뿐 아니라, 또 다른 방식으로 자기 영광을 드러내셨습니다. 거짓 신들에 대적하신 것입니다. 연이은 재앙을 통해 하나님의 심판이 이집트에 내려졌습니다. 누군가는 이 혹독한 재앙을 보고 이렇게 말할 수도 있습니다. "세상에, 너무해요! 하나님은 무법자이신가요? 왜 이집트 사람들을 괴롭히시는 거죠?" 또 누군가는 이렇게 말할지도 모릅니다. "너무 바보 같고 믿지 않네요."

확실히 이상하고 가혹합니다. 하지만 눈에 보이는 것보다 더

홍해
하나님이 홍해를 가르시고
자기 백성을 인도하시다

광야 생활
이스라엘이 믿음으로
하나님을 따라야만 하는 길을 떠나
약속의 땅으로 향하다

> **출애굽기 7장 14~18절**
>
> 여호와께서 모세에게 이르시되 바로의 마음이 완강하여 백성 보내기를 거절하는도다 아침에 너는 바로에게로 가라 보라 그가 물 있는 곳으로 나오리니 너는 나일 강 가에 서서 그를 맞으며 그 뱀 되었던 지팡이를 손에 잡고 그에게 이르기를 히브리 사람의 하나님 여호와께서 나를 왕에게 보내어 이르시되 내 백성을 보내라 그러면 그들이 광야에서 나를 섬길 것이니라 하였으나 이제까지 네가 듣지 아니하도다 여호와가 이같이 이르노니 네가 이로 말미암아 나를 여호와인 줄 알리라 볼지어다 내가 내 손의 지팡이로 나일 강을 치면 그것이 피로 변하고 나일 강의 고기가 죽고 그 물에서는 악취가 나리니 애굽 사람들이 그 강 물 마시기를 싫어하리라 하라

중대한 일이 벌어지고 있음을 알아야 합니다. 하나님은 이집트 사람 뿐만 아니라 이집트의 신도 심판하고 계십니다. 출애굽기 12장 12절에서 하나님은 마지막 재앙, 즉 장자의 죽음을 통해 '이집트의 모든 신을' 심판하겠다고 말씀하십니다. 이것은 민수기에서도 반복되는 내용입니다. "여호와께서 그들의 신들에게도 벌을 주셨더라"(민 33:4).

그리스도와의 연결

우리는 이 이야기의 진리를 신약에서도 배울 수 있습니다. 예를 들어 바울은 예수님이 "이 악한 세대에서 우리를 건지시려고 우리 죄를 대속하기 위하여 자기 몸을" 주셨다고(갈 1:4) 했습니다. 하나님은 영적으로 우리가 노예 상태와 무능력에서 벗어나 중보자 예수 그리스도를 통해 율법을 지킬 수 있게 하셨습니다. 이는 오직 믿음을 통한 은혜로만 일어납니다. 우리 힘으로 얻을 수 있는 것이 아닙니다. 이스라엘 백성과 마찬가지로 우리를 구원하신 목적은 '예배'입니다.

금송아지
이스라엘이 하나님이 아닌
우상을 경배하다

계명 (1부)
하나님이 이스라엘에게
자신과 어떻게 관계를 맺어야 하는지
지침을 주시다.

기적

'기적'이란 하나님이 영광을 드러내시거나 말씀을 확증해 주시기 위해 만물의 자연 질서에 예외를 허락하시거나 자연법칙을 바꾸시는 사건을 말합니다. 성경 전반에 걸쳐 기적들이 기록되어 있습니다. 선지자나 사도가 하나님의 말씀을 백성에게 전할 때, 종종 표적과 기사가 나타났습니다. 하나님은 전능하시며 세상일에 친히 관여하신다고 믿기에, 우리는 하나님이 기적을 행하실 수 있을 뿐 아니라 또한 행하신다고 믿습니다.

> 참된 신앙과 고통은 밀접한 관련이 있다.
> … 그리스도를 위해 살고, 주의 길을 걷는 일은 쉬울 수가 없다.
> 빌리 그레이엄

하나님이 들려주시는 이야기는 오늘을 사는 나와 늘 연결되어 있습니다. 아래 질문에 답하면서 성경 이야기가 내 이야기와 어떻게 연결되는지 생각해 봅시다.

▶ 왜 눈으로 볼 수 있는 것들(돈, 집, 사람 등)을 신뢰하기가 더 쉬울까요? 눈에 보이지 않는 분을 신뢰하는 것이 어려운 이유는 무엇일까요?

▶ 자신이 어려움을 겪을 때 하나님이 도움을 주지 않으셨다고 생각해 낙담한 적이 있나요? 그때 하나님에 관한 어떤 진실이 도움이 되었나요?

▶ 하나님의 구원이 우리를 진정한 예배의 자리로 이끌 수 있는 이유는 무엇일까요?

▶ 우리 사회가 안도감을 얻기 위해 찾는 거짓 신에는 무엇이 있나요?

하나님의 이야기
하나님이 그분의 아들
예수 그리스도를 통해
우리를 구속해 주신 이야기

우리의 이야기
우리의 이야기가
하나님의 이야기와
만나는 곳

생 각

HEAD

하나님은 파라오를 당장 멸하실 수도 있었지만, 그렇게 하지 않으셨습니다. 하나님이 가시는 길은 우리가 생각하는 길과 다릅니다. 우리가 볼 때는 말도 안 되는 일이 절묘한 시간에 일어나서 결국 하나님의 영광을 천하에 드러냅니다. 이것이 의미하는 것은, 이해하기 어렵고 때로는 실망스러워도 하나님의 방법이 공의롭고 선하니 결국 우리에게 유익이 된다는 것입니다.

- 하나님의 방법에 실망하고 그분의 선하심을 의심했던 적이 있었나요?

- 이 과를 공부하고 나서 하나님의 방법에 실망했던 순간들을 바라보는 관점이 달라졌나요?

마 음

HEART

출애굽기 7장에는 파라오의 마음이 완악해졌다는 표현이 나옵니다(14, 22절). 결과적으로 그것 때문에 파라오는 여호와의 말씀을 듣지 못했습니다. 재앙들을 보고 이스라엘 백성을 보내 줄 마음을 먹는 대신, 계속해서 여호와의 말씀에 저항하니 더 완악해질 수밖에 없었습니다. 하나님은 파라오를 그냥 내버려 두셨습니다. 그리고 이것이 결국 그에게 죽음을 가져왔습니다.

- 죄는 어떻게 우리 마음을 하나님과 그분의 말씀으로부터 돌아서게 할까요?

- 죄에 속아 마음이 완악해지지 않으려면 어떻게 해야 할까요?

행 동

HANDS

하나님은 모세와 아론처럼 우리가 죄와 고통에 얽매인 사람들을 위해 세상 권세와 맞서 싸우게 하십니다. 이 권세는 궁극적으로 아무것도 주지 못하는 죄악 가득한 쾌락에서 행복을 찾게 하는 것으로, 거절당할 것과 실패할 것에 대한 두려움에서 비롯된 것입니다.

- 하나님이 모세에게 그러셨던 것처럼 내가 할 수 없는 것을 하라고 명하신다고 느낀 적이 있나요?

- 하나님의 약속과 주권에 대한 신뢰가 하나님께 순종하는 데 어떤 도움이 됩니까?

> 다음 모임까지 욥 40:6~42:17; 시 29편; 출 1~4장을 읽어 보세요.

03

유월절,
흠 없는 어린양

성경 말씀 출애굽기 11장 4~8절; 12장 1~13, 29~32절

포인트 하나님은 의로운 심판 중에도 완전한 대속 제물을 통해 구원을 주신다.

등장인물 삼위일체 하나님(성부, 성자, 성령)
모세(하나님의 백성을 약속의 땅으로 인도하도록 선택됨)
파라오(이집트의 통치자)

메시지 좌표 파라오는 아홉 번의 재앙을 겪었지만, 여전히 이스라엘 백성 보내기를 거절합니다. 이로 인해 파라오는 가장 귀한 것을 잃는 대가를 치릅니다. 이번 과에서 살펴볼 열 번째이자 마지막 재앙은 유월절 전통이 생겨나게 한 사건이기도 합니다. 유월절 이야기는 하나님의 심판과 구원을 드러내는데, 하나님이 이집트에 경고 후 재앙을 쏟아부으신 데서 심판의 엄중함을 볼 수 있습니다. 또한 자기 백성들이 전심으로 하나님께 경배할 수 있도록 대속 제물을 주신 데서 은혜를 볼 수 있습니다. 하나님이 심판하실 때 자기 백성을 '넘어가셨기에' 우리에게 구원은 기쁨입니다.

심판과 구원

하나님이 심판하시면서도
구원의 수단을 제공하시다.

홍해

하나님이 홍해를 가르시고
자기 백성을 인도하시다.

이게 마지막 경고야!

앞서 내려진 아홉 가지 재앙으로 이집트 사람들은 엄청난 혼란을 겪었습니다. 하나님은 자기와 자기 백성에 대항하는 이집트에 호된 심판을 내려 영광을 선포하셨습니다. 마지막 남은 재앙은 이전 것들보다 훨씬 심각한 것입니다. 하나님은 심판이 다가오고 있음을 모세를 통해 경고하기로 하셨습니다.

> **출애굽기 11장 4~5절**
>
> 모세가 바로에게 이르되 여호와께서 이와 같이 말씀하시기를 밤중에 내가 애굽 가운데로 들어가리니 애굽 땅에 있는 모든 처음 난 것은 왕위에 앉아 있는 바로의 장자로부터 맷돌 뒤에 있는 몸종의 장자와 모든 가축의 처음 난 것까지 죽으리니

어렸을 때(혹은 요즘도) 부모님이 말썽부리지 말라고 쓰시던 경고 방법은(예: 정색하며 셋까지 세거나 자녀의 이름 석 자를 또박또박 부르기) 어떤 것이었나요? 부모님이 그렇게 하실 때 기분이 어땠나요?

____

____

____

지금 우리가 하나님의 말씀에 귀 기울이지 않고 불순종하면 어떤 경고를 받게 될까요? 우리가 주의를 기울이도록 하기 위해 하나님은 어떤 방법을 쓰실까요?

____

____

____

____

어린양의 피를 보고 넘어가리라

출애굽기 12장 6~7절은 흠 없는 어린양에게 무슨 일이 일어날지 보여 줍니다.

어린양은 해가 질 때 죽임을 당할 것입니다. 죽임당한 어린양은 모든 사람이 심판을 받아 마땅한 존재임을 생생히 보여 줍니다(롬 3:23 참조). 구원이 필요한 죄인들을 대신해 흠 없는 생명이 희생되어야만 합니다.

어린양의 피가 문설주에 발릴 것입니다(출 12:7). 문설주에 피를 바르는 것은 하나님이 약속을 지켜 심판을 피하게 해 주실 것을 믿는다는 뜻입니다. 이스라엘은 희생 제물을 통해 심판을 피할 수 있었습니다. 대속하심을 믿으면 구원을 얻습니다.

문설주의 피는 그 집에 이미 심판이 내려졌다는 징표입니다. 앞서 이집트에 임한 재앙이 하나님의 의와 심판의 징표였던 것처럼, 이제 유월절은 이스라엘에 대한 하나님의 자비의 징표가 되었습니다.

이를 통해 우리는 하나님이 창세기 3장 15절의 약속과 아브라함과의 언약을 지키고 계심을 알 수 있습니다. 심판의 기운이 맴도는 가운데서도 하나님은 미래의 구원을 위해 이스라엘을 노예 상태와 죽음으로부터 지켜 주셨습니다(출 12:13). 희생 제물의 피를 받으심으로써 그들의 죄를 넘어가신 것입니다.

광야 생활

이스라엘이 믿음으로 하나님을 따라야만 하는 길을 떠나 약속의 땅으로 향하다.

금송아지

이스라엘이 하나님이 아닌 우상을 경배하다.

그리스도와의 연결

완전한 제물의 필요성은 우리 자신의 상태를 돌아보게 합니다. 죄로 부패한 우리는 자신을 스스로 구원할 수 없습니다. 우리는 흠 있는 어린양과 같아서 거룩하신 하나님 앞에서는 가치가 없습니다. 우리를 위해 대속 제물이 되어 주실 분이 필요합니다. 예수님은 하나님의 가족을 위해 바쳐지는 어린양이십니다. 오직 그분을 믿는 믿음을 통해서만 우리 죄가 해결됩니다. 주님만이 우리의 소망입니다.

바울은 "우리의 유월절 양 곧 그리스도께서 희생되셨느니라"(고전 5:7)라고 했습니다. 거듭난 사람은 그리스도의 보혈로 덮인 셈입니다. 하나님은 이 보혈을 보시고 죄를 넘어가십니다. 죄를 사하시고 그리스도의 의로 의롭다 해 주십니다.

죄와 죽음

죄의 궁극적 결과는 죽음, 즉 '육체의 죽음', '영적 죽음', 그리고 '영원한 죽음'입니다(롬 6:23). 에덴동산에서 하나님은 아담과 하와에게 선악을 알게 하는 나무의 열매를 먹으면 반드시 죽으리라고 분명하게 말씀하셨습니다(창 2:17). 에덴동산에서 일어난 타락의 결과로 주어진 죽음은 육체의 죽음뿐 아니라, 하나님과의 분리를 뜻하는 영적 죽음까지도 포함합니다. 따라서 그리스도의 구속의 은혜를 받지 못한 채 죽은 사람은 하나님과 분리되어 영적으로 죽은 자로서 다시는 하나님 나라에 들어오지 못하고 영원한 형벌 가운데 놓이는 영원한 죽음을 당하게 됩니다.

계명 (1부)

하나님이 이스라엘에게
자신과 어떻게 관계를 맺어야 하는지
지침을 주시다.

계명 (2부)

하나님이 이스라엘에게
이웃과 어떻게 관계를 맺어야 하는지
지침을 주시다.

> 그리스도는 우리 죄를 위해 제물로 죽으셨으며,
> 제사장으로서 자기 피를 속죄소에 뿌리셨다.
>
> 존 번연

하나님이 들려주시는 이야기는 오늘을 사는 나와 늘 연결되어 있습니다. 아래 질문에 답하면서 성경 이야기가 내 이야기와 어떻게 연결되는지 생각해 봅시다.

▶ 제물로 바쳐질 양은 흠이 없어야 한다는 것이 왜 중요할까요? '흠이 없다'는 것은 무슨 뜻일까요?

▶ 문설주에 바른 피는 누가 봐도 알 수 있도록 게시한 공개 선언이었습니다. 이러한 공개 선언은 그리스도인으로서의 신앙생활에 어떤 영향을 미칠까요?

▶ 유월절 희생 제물을 보면서 죄에 대해 무엇을 알게 되었나요?

▶ 유월절 이야기가 하나님의 심판과 은혜에 대한 생각에 어떤 도전을 주나요?

하나님의 이야기
하나님이 그분의 아들
예수 그리스도를 통해
우리를 구속해 주신 이야기

우리의 이야기
우리의 이야기가
하나님의 이야기와
만나는 곳

HEAD

생 각

이번 과의 이야기는 하나님의 엄중한 심판과 자비를 생각하게 합니다. 우리도 이 같은 심판을 받을 수 있습니다. 우리도 파라오와 다를 게 없으니까요. 자기는 심판받을 일이 없다고 생각하는 사람들이 있습니다. 그들은 파라오처럼 돈과 명성을 좇으며, 하나님께 경배하지 않는 인생을 살아도 된다고 생각합니다. 하지만 슬프게도 자비의 하나님께 돌아가지 않으면 그들의 끝은 파라오와 같을 것입니다.

- 왜 하나님은 곧바로 심판하지 않고 파라오에게 다가올 재앙을 미리 알려 주셨을까요? 하나님은 인류에게 다가올 심판에 대해 어떤 경고를 주셨나요?

- 하나님의 엄중한 심판과 풍성한 자비를 본 사람은 어떻게 살아갈까요? 우리는 어떻게 살아가고 있나요?

HEART

마 음

출애굽기 12장 27~28절에 나타난 이스라엘 백성의 반응은 유월절의 가르침, 즉 경배와 순종이었습니다. 그들은 머리 숙여 경배했고, 여호와께서 모세와 아론에게 명령하신 그대로 행했습니다. '경배와 순종'이라는 주제가 출애굽기에서 내내 이어집니다. 그들은 하나님이 누구이시며 어떤 일을 하셨는지를 기억함으로써 그분께 경배와 순종을 바쳤습니다.

- 유월절 어린양 예수님을 찬양하는 것과 복음을 전하는 것은 어떤 관련이 있나요?

- 하나님의 선하심에 순종했던 경험을 나눠 보세요.

HANDS

행 동

하나님은 심판이 다가오는 것을 다른 사람들에게 경고하고, 유월절 어린양 예수님을 통해 구원받을 수 있다는 복음을 전하도록 우리를 부르셨습니다.

- 다가올 심판에 대해 말하는 것이 어렵게 느껴지나요?

- 예수님이 우리를 대신해 진노의 심판을 받으셨다는 사실을 안다면, 심판에 대해 말하는 것이 달라질 수 있을까요?

다음 모임까지 출 5~13장을 읽어 보세요.

04

진퇴양난에서
죽을까 살까

성 경 말 씀	출애굽기 13장 17~22절; 14장 1~14, 21~31절
포 인 트	하나님은 자기 백성을 보호하시고 그분을 대적하는 자를 심판하신다.
등 장 인 물	삼위일체 하나님(성부, 성자, 성령) 모세(하나님의 백성을 약속의 땅으로 인도하도록 선택됨) 파라오(이집트의 통치자)
메시지 좌표	이야기가 진행됨에 따라, 이집트를 떠난 하나님의 백성이 진퇴양난에 빠지는 것을 보게 됩니다. 이번 과에서는 이스라엘 백성이 이집트를 떠나 홍해를 건널 때 무슨 일이 일어났는지를 볼 것입니다. 하나님은 그들을 파라오의 군대로부터 구원해 주시며 다시금 존귀와 권세를 드러내십니다.

홍해

하나님이 홍해를 가르시고
자기 백성을 인도하시다.

광야 생활

이스라엘이 믿음으로
하나님을 따라야만 하는 길을 떠나
약속의 땅으로 향하다.

엉뚱한 길 같아 보여도 안심하렴

이스라엘이 이집트를 탈출하면서 지름길인 바닷가 길로 탈출하지 않은 것에 주목하세요. 그 길로 가면 2주도 안 되어 목적지에 도착할 것입니다. 그만큼 빠른 길이지만, 최선의 길은 아니었어요. 곳곳에 적들이 포진해 있고, 이스라엘은 아직 싸울 준비가 되어 있지 않았기 때문입니다.

하나님은 말씀하셨습니다. "이 백성이 전쟁을 하게 되면 마음을 돌이켜 이집트로 돌아갈까"(출 13:17). 어려운 상황을 만나면 즉시 파라오에게 돌아가려고 할 것이기 때문입니다. 실제로 이스라엘은 가나안에 이르러 자신들의 적이 얼마나 거대한지를 보고 이렇게 말했습니다. "우리가 한 지휘관을 세우고 이집트로 돌아가자"(민 14:4).

하나님이 인도하시는 길을 가는 것은 결코 순탄치 않았습니다. 출발한 지 얼마 되지 않아 그들은 홍해와 파라오의 군대 사이에 끼어 옴짝달싹 못 하게 됩니다. 하나님은 이때 이스라엘에게 여러 가지를 가르칠 계획이 있으셨습니다. 단순히 이스라엘을 여기서 저기로 이동시키는 것 이상의 목적을 가지고 계셨습니다.

> **출애굽기 | 13장 17~18절**
>
> 바로가 백성을 보낸 후에 블레셋 사람의 땅의 길은 가까울지라도 하나님이 그들을 그 길로 인도하지 아니하셨으니 이는 하나님이 말씀하시기를 이 백성이 전쟁을 하게 되면 마음을 돌이켜 애굽으로 돌아갈까 하셨음이라 그러므로 하나님이 홍해의 광야 길로 돌려 백성을 인도하시매 이스라엘 자손이 애굽 땅에서 대열을 지어 나올 때에

갇힌 것 같아 보여도 걱정 마

이야기가 계속됨에 따라, 우리는 파라오가 하나님의 백성을 얼마나 끈질기게 뒤쫓는지 보게 됩니다. 하나님이 말씀하신 그대로였습니다(출 14:5~9). 파라오는 자기가 좋은 전략을 펼치고 있다고 생각했겠지요. 하지만 실제로는 하나님의 계획대로 흘러가고 있었습니다. 이

스라엘을 추격할 때, 아마 가장 좋은 전차를 동원했을 것입니다. 사용 가능한 군사력을 모두 활용했을 것입니다. 파라오는 이스라엘이 패배해 노예로 다시 전락할 것이라고 확신했을 것입니다. 하지만 그의 예상은 빗나갔습니다.

10절에 의하면, 이스라엘 백성은 이집트 사람들을 보고 두려워했습니다. 놀랄 일도 아니죠. 그들은 최정예 군사들이었으니까요. 이른바 '대량 살상 무기'도 가지고 있었습니다. 하지만 이스라엘 백성이 처한 진짜 문제가 뭔지 알아요? 그들을 그곳으로 인도하신 분이 하나님이라는 사실을 잊고 있었다는 것입니다. 그들은 하나님만 경외하고 하나님의 사랑을 신뢰하기만 하면 되는데 말이죠.

힘든 일을 만나 스트레스를 받고 징징거린 적이 있나요?

출애굽기 14장 1~4절

여호와께서 모세에게 말씀하여 이르시되 이스라엘 자손에게 명령하여 돌이켜 바다와 믹돌 사이의 비하히롯 앞 곧 바알스본 맞은편 바닷가에 장막을 치게 하라 바로가 이스라엘 자손에 대하여 말하기를 그들이 그 땅에서 멀리 떠나 광야에 갇힌 바 되었다 하리라 내가 바로의 마음을 완악하게 한즉 바로가 그들의 뒤를 따르리니 내가 그와 그의 온 군대로 말미암아 영광을 얻어 애굽 사람들이 나를 여호와인 줄 알게 하리라 하시매 무리가 그대로 행하니라

너를 쫓던 자들을 물로 쓸어버릴 거야

성경에서 가장 중요하다고 할 만한 이야기가 출애굽기 14장 끝부분에 나옵니다. 바로 홍해를 건넌 사건입니다. 하나님은 기적을 통해 자기 백성을 이집트에서 건지셨고, 물로써 이집트 사람들을 심판하셨습니다.

모세는 하나님이 내리신 명령에 순종했습니다(출 14:21). 그런데 이 명령을 잘 생각해 보세요. 파라오의 군대가 바짝 뒤쫓고 백성이 원망하며 보채는데, 하나님은 "네가 지팡이를 든 손을 바다 위로 내밀면 내가 바다를 가르겠다"라고 하십니다. 이게 무슨 의미일까

금송아지

이스라엘이 하나님이 아닌
우상을 경배하다.

계명 (1부)

하나님이 이스라엘에게
자신과 어떻게 관계를 맺어야 하는지
지침을 주시다.

요? 다시 하나님의 영광이 드러날 때라는 뜻입니다. "내가 바로로 말미암아 영광을 얻으리라"(출 14:17). 엉뚱하게 들릴 수 있는 말씀이지만, 모세는 순종했습니다.

> 모세가 바다 위로 손을 내밀매 여호와께서 큰 동풍이 밤새도록 바닷물을 물러가게 하시니 물이 갈라져 바다가 마른 땅이 된지라 이스라엘 자손이 바다 가운데를 육지로 걸어가고 물은 그들의 좌우에 벽이 되니 애굽 사람들과 바로의 말들, 병거들과 그 마병들이 다 그들의 뒤를 추격하여 바다 가운데로 들어오는지라

그리스도와의 연결

모세가 이스라엘 백성을 심판의 바닷물 건너편으로 이끌었듯이, 그리스도 안에 있는 사람들은 전능하신 부활을 통해 사망의 바닷물을 안전히 지나 반대편으로 갑니다. 이것은 사망에서 생명으로 옮겨졌다는 뜻의 '세례'를 의미합니다. 우리는 세례를 통해 '그리스도와 함께 죽었고 그와 함께 장사되었으며 그와 함께 살아날 것입니다'(롬 6:1~4 참조)라고 외치는 셈입니다.

이집트를 탈출한 이야기는 구원과 함께 그리스도인의 삶에서 어떤 일이 일어나는가를 우리에게 보여 줍니다.

1. 그리스도인은 속박에서 구원받았습니다.
2. 그리스도인은 은혜로 구원받았습니다.
3. 그리스도인은 중재자를 통해 구원받았습니다.

알짬 교리 **99**

하나님의 백성

성경은 하나님의 성전, 즉 교회를 '하나님의 백성'으로 묘사합니다(고후 6:16 참조). 유대인과 이방인으로 이루어진 교회를 하나님이 그리스도의 대속적인 죽음을 통해 세우셨습니다. '교회'라는 말은 두 가지 의미로 쓰입니다. 하나는 그리스도의 주 되심 아래 언약을 맺은 사람들로 구성된 개개 지역 교회를, 다른 하나는 모든 시대에 그리스도를 믿는 모든 사람으로 이루어진 우주적 교회를 가리킵니다. 하나님은 주의 백성인 교회를 보호하고 돌보시며, 교회는 하나님의 다스림 아래 살기를 추구합니다.

계명 (2부)

하나님이 이스라엘에게 이웃과 어떻게 관계를 맺어야 하는지 지침을 주시다.

성막

하나님이 백성 가운데 거하실 성막을 세우시다.

하나님이 들려주시는 이야기는 오늘을 사는 나와 늘 연결되어 있습니다. 아래 질문에 답하면서 성경 이야기가 내 이야기와 어떻게 연결되는지 생각해 봅시다.

▶ 왜 이따금 하나님이 인도하신다는 사실이 믿기지 않을까요? 하나님의 인도하심을 따라 믿음으로 걸을 때 배울 수 있는 것은 무엇인가요?

▶ '성령이 나를 인도하셨구나!' 하고 느낀 적이 있나요? 하나님의 인도를 받았던 일을 돌아보는 것이 앞으로도 인도해 주실 것을 믿는 데 어떤 도움이 될까요?

▶ 하나님의 뜻을 미처 알지 못했다 해도 말씀에 순종하면 하나님께 영광을 돌릴 수 있을까요?

▶ 이스라엘 백성의 불평을 보고 자신을 돌아보면 어떤 생각을 하게 되나요?

하나님의 이야기
하나님이 그분의 아들
예수 그리스도를 통해
우리를 구속해 주신 이야기

우리의 이야기
우리의 이야기가
하나님의 이야기와
만나는 곳

생 각

HEAD

출애굽기 14장 30~31절에는 심판과 구원의 현실이 명확히 드러납니다. 시신들이 해변으로 쓸려 온 모습을 상상해 보세요. 거룩하신 하나님 앞에 회개할 줄 모르던 사람들의 끔찍한 최후입니다. 믿음을 거절한 사람들은 엄중한 심판을 받지만, 믿음으로 구원받은 사람들은 행복해합니다. 그들은 믿음을 통한 은혜로 구원받은 것입니다.

- 하나님이 해결해 주시기를 기다린 끝에 하나님의 능력을 발견한 적이 있었나요?

- 하나님의 구원이 우리의 연약함과 그분의 힘을 동시에 보여 준다는 사실이 왜 중요할까요?

마 음

HEART

출애굽기 15장에서 하나님의 백성들이 노래합니다. 구원받은 백성은 찬양하는 백성이 될 수밖에 없습니다. 이스라엘 백성은 전심을 다해 구원을 찬양했습니다. 예수님을 통해 그보다 더 큰 구원을 받은 우리는 어떻게 해야 할까요? 사람은 귀하게 여기는 대상을 찬양하게 마련이죠. 지금, 구원의 하나님을 귀하게 여기고 있나요?

- 하나님의 은혜와 자비를 경험한 후 찬양한 적이 있나요?

- 죄의 유혹은 구원받은 자의 마음에도 영향을 미칠까요?

행 동

HANDS

우리를 구원하신 예수님을 귀중히 여기는 것은 필연적으로 다른 이들에 대한 사랑과 그들에게 구원의 예수님을 알리려는 열망으로 이어집니다. 예수님의 명령에 한층 더 순종하는 길은 다른 이들에게 예수님의 복음을 나눔으로써 그들도 예수님을 찬양하고 예수님께 영광을 돌리게 하는 것입니다.

- 하나님을 사랑하면 다른 사람들에게 하나님을 전하고 싶어집니다. 왜 그럴까요?

- 이스라엘의 이집트 탈출기를 읽고 구별된 삶을 살아야겠다는 도전을 받았습니까?

> 다음 모임까지 출 14~21장을 읽어 보세요.

05

광야 훈련소로 집합!

성 경 말 씀	출애굽기 17장 1~7절; 고린도전서 10장 1~6절
포 인 트	하나님의 선하심은 자기 백성을 향한 끝없는 은혜를 통해 표현된다.
등 장 인 물	삼위일체 하나님(성부, 성자, 성령) 모세(하나님의 백성을 약속의 땅으로 인도하도록 선택됨)
메시지 좌표	하나님의 백성은 파라오와 그의 군대의 막강함과 압제가 무너지는 이적을 목격하며 이곳까지 왔습니다. 이제는 그 모든 것을 뒤로 두고, 조상들이 약속받은 땅을 소유하기까지 기다리며 머물러야 합니다. 아직은 기다리는 기간입니다. 하나님은 자기 백성에게 가르치시며 계속해서 그들을 그분의 부르심에 합당한 자들로 다듬어 가실 것입니다.

광야 생활

이스라엘이 믿음으로
하나님을 따라야만 하는 길을 떠나
약속의 땅으로 향하다.

금송아지

이스라엘이 하나님이 아닌
우상을 경배하다.

마실 물이 없잖아

이스라엘 백성은 르비딤에 장막을 쳤습니다. 그런데 그곳에는 물이 없었습니다. 그들은 하나님을 신뢰하고 하나님께 간구하는 대신, 모세와 다투며 원망하기 시작했습니다(출 17:2~3). 모세는 이곳을 시험과 다툼을 의미하는 맛사와 므리바라고 불렀습니다(시 95편 참조). 그들은 하나님을 믿기는커녕 하나님을 시험했습니다.

먼저 이스라엘 백성은 물을 요구했습니다. "우리에게 물을 주어 마시게 하라"(출 17:2). 성경은 그들의 태도에 주목합니다. 그들은 겸손히 청한 것이 아니라, 버릇없는 아이처럼 굴었습니다.

슬프게도, 이스라엘 백성에게 이런 모습이 반복되었습니다. 이집트의 파라오 치하에서 원망하고 불평했는데(출 2:23), 홍해 앞에서도 원망했고(출 14:11~12), 마라에서도 불평했습니다(출 15:23~24). 지도자들에게도 불평불만을 늘어놓았습니다(출 16:2~3; 17:3~4; 민 11장 참조). 그들은 르비딤에서 하나님이 쓴 물을 단물로 바꿔 주시고, 하늘에서 빵을 내려 주셨는데도 여전히 불평했습니다.

> **출애굽기 17장 1~2절**
>
> 이스라엘 자손의 온 회중이 여호와의 명령대로 신 광야에서 떠나 그 노정대로 행하여 르비딤에 장막을 쳤으나 백성이 마실 물이 없는지라 백성이 모세와 다투어 이르되 우리에게 물을 주어 마시게 하라 모세가 그들에게 이르되 너희가 어찌하여 나와 다투느냐 너희가 어찌하여 여호와를 시험하느냐

하나님이 나를 버리신 거 아냐?

이어서 하나님의 선하심에 의구심을 품는 이스라엘의 모습이 등장합니다(출 17:3). 그들이 물었습니다. "왜 우리를 이집트에서 인도해서 우리와 우리 자녀와 우리 가축이 목말라 죽게 하느냐?" 이집트로부터 구원받은 것이 맞는지 의심하기 시작한 것입니다.

하나님은 이스라엘을 버리려고 구원하신 것이 아닙니다. 하나님은 구원하시고, 공급하십니다. 믿는 자로서 우리는 하나님이 우

리에게 더 큰 구원을 베푸신 것을 기억해야 합니다. 하나님은 우리의 가장 긴요한 문제에 해결책을 주셨습니다(그리스도의 죽음과 부활을 통해). 따라서 일상의 소소한 문제에 부딪혔다 해도 하나님의 선하심에 의문을 품거나 신실하심을 의심할 이유가 없습니다. 하나님은 선하십니다. 우리는 이것을 믿어야 합니다.

하나님의 선하심을 의심해 본 적이 있나요?

누구나 원망하고 불평하곤 합니다. 그때 그 앞에 '하나님을, 하나님께'라는 말을 붙이면 이런 태도가 어떻게 바뀔까요?

주어진 환경을 원망하는 것은 하나님을 향한 마음가짐이 어떠함을 드러내나요?

> **출애굽기 17장 3~4절**
>
> 거기서 백성이 목이 말라 물을 찾으매 그들이 모세에게 대하여 원망하여 이르되 당신이 어찌하여 우리를 애굽에서 인도해 내어서 우리와 우리 자녀와 우리 가축이 목말라 죽게 하느냐 모세가 여호와께 부르짖어 이르되 내가 이 백성에게 어떻게 하리이까 그들이 조금 있으면 내게 돌을 던지겠나이다

하나님 없이는 아무것도 아닌 나

모세는 이스라엘을 특별하게 만드는 것은, 그들 가운데 하나님이 계시기 때문이라는 것을 알았습니다. 그래서 하나님 없이는 이스라엘이 한 걸음도 나아갈 수 없다고 부르짖었습니다. 그들이 주변 민족과 구별되는 점은 그들의 땅이 아닙니다(아직 얻지도 못했어요). 부강하기 때문도 아닙니다(노예 출신이잖아요). 문화도 아닙니다(아직 발전하지도 못했어요). 그들을 특별하게 만든 것은, 바로 하나님이 그들과 함께하신다는 사실입니다.

계명 (1부)

하나님이 이스라엘에게 자신과 어떻게 관계를 맺어야 하는지 지침을 주시다.

계명 (2부)

하나님이 이스라엘에게 이웃과 어떻게 관계를 맺어야 하는지 지침을 주시다.

　한 번 더, 하나님이 그들 가운데 계심이 놀라운 방법으로 선포됩니다. 출애굽기 17장 5~7절에서 하나님이 물 문제를 어떻게 해결하시는지 살펴봅시다.

> 여호와께서 모세에게 이르시되 백성 앞을 지나서 이스라엘 장로들을 데리고 나일 강을 치던 네 지팡이를 손에 잡고 가라 내가 호렙 산에 있는 그 반석 위 거기서 네 앞에 서리니 너는 그 반석을 치라 그것에서 물이 나오리니 백성이 마시리라 모세가 이스라엘 장로들의 목전에서 그대로 행하니라 그가 그 곳 이름을 맛사 또는 므리바라 불렀으니 이는 이스라엘 자손이 다투었음이요 또는 그들이 여호와를 시험하여 이르기를 여호와께서 우리 중에 계신가 안 계신가 하였음이더라

성막

하나님이 백성 가운데 거하실
성막을 세우시다.

그리스도와의 연결

바울은 '반석에서 물이 터진 사건'을 언급하면서, 이것은 우리를 구원하기 위해 반석으로서 내려침을 당하신 그리스도에 대한 이야기라고 말했습니다. 바울이 "그 반석은 곧 그리스도시라"(고전 10:4)라고 말한 데서 반석이 그리스도를 의미하는 것을 알 수 있습니다.

　모세는 백성을 치는 대신 반석을 내려쳤습니다. 그러자 물이 흘러나와 백성을 구할 수 있었습니다. 반석이신 예수님이 우리의 구원을 위해 내려침을 당하셨습니다. 하나님은 우리를 대신해 자기 아들을 때리셨습니다. 반석에서 그랬듯, 예수님이 창에 찔리시자 옆구리에서 물이 터져 나왔습니다(요 19:34). 우리가 맞을 죽음을 예수님이 당하시면서 우리는 영생을 위한 생명수를 마시게 되었습니다(요 7:37~38). 예수님을 믿음으로써 궁극적인 구원의 물을 마시게 됩니다.

속죄 제사 (1부)

번제, 소제, 화목제

죄-과녁에서 벗어남　　　　알짬 교리 **99**

죄에 관한 개념 중에는, 인간을 위해 세워 놓으신 기준에서 어긋났다는 의미가 있습니다. 이는 단순한 실수가 아니라 의식적 선택이었고, 결과적으로 하나님의 영광에 미치지 못하게 합니다.

하나님이 들려주시는 이야기는 오늘을 사는 나와 늘 연결되어 있습니다. 아래 질문에 답하면서 성경 이야기가 내 이야기와 어떻게 연결되는지 생각해 봅시다.

▶ 최근에 자신이 처한 상황에 대해 원망한 적이 있나요? 원망하는 태도와 특권 의식은 어떤 관련이 있을까요?

▶ 어려움 때문에 잘못된 태도나 행동을 보이게 되는 것일까요? 아니면 원래 가지고 있던 잘못된 태도와 행동이 어려움 때문에 드러나는 것일까요?

▶ 하나님은 이스라엘을 광야에서 훈련시켜 하나님의 백성으로 만들려고 하셨습니다. 어려움을 당한 사람에게 하나님은 과연 어떤 식으로 훈련시키실까요?

▶ 하나님이 원망하는 이스라엘 백성에게 필요한 것을 공급해 주신 일과, 투덜대는 우리에게 필요한 것을 베푸신 일 사이에 비슷한 점이 있나요? 하나님이 공급해 주시는 것을 깨닫고 달라진 태도가 있나요?

하나님의 이야기
하나님이 그분의 아들
예수 그리스도를 통해
우리를 구속해 주신 이야기

우리의 이야기
우리의 이야기가
하나님의 이야기와
만나는 곳

생 각

HEAD

하나님은 선하시며 우리가 주님 안에서 기쁨을 누리게 해 주십니다. 이것을 아는 그리스도인은 하나님이 우리를 그리스도의 형상으로 빚으셨으며(롬 8:28~29), 그러므로 힘든 시련의 시간도 지나야 한다는(롬 5:3~4; 약 1:3) 사실을 믿습니다. 하나님은 우리가 예수님처럼 살기 위해서는 시간이 필요하다는 것을 알고 계십니다.

- 어려움을 겪을 때, 예수님이 고난당하시고 십자가에서 죽으신 사실로 도움받은 적이 있나요?

- 하나님이 당신을 위해 하실 수 있는 가장 위대한 일은 무엇일까요?

마 음

HEART

원망하고 불평하는 것은 마음속에 더 깊은 문제가 자리하고 있다는 증거입니다. 정욕이 걷잡을 수 없이 자라 욕심으로 변할 때, 죄가 우리 삶에 뿌리내리고 원망을 자아내기 시작합니다(약 4:1).

- 최근에 원망하고 불평했던 일을 생각해 보세요. 마음속에 어떤 욕심이 일어나서 그랬나요?

- 이스라엘 백성의 이야기로 인해, 원망하며 살아가는 태도를 바꾸고자 하는 도전을 받았나요?

행 동

HANDS

예수님은 우리의 구원을 위해 내려침을 당한 반석이십니다. 이 사실을 우리만 알고 있을 수는 없습니다. 우리는 모두에게 생명수를 공급해야 합니다. 우리는 세상에 좋은 것을 많이 제공할 수 있고, 또 그래야만 합니다. 세상 사람들에게 필요한 것을 제공하고, 나아가 우리에게 영생을 주기 위해 고난당하신 구세주의 복된 소식인 복음을 전해야 합니다.

- 그리스도인이 세상 사람들에게 생명수를 흘러 보내려면 어떻게 해야 할까요?

- 하나님께 자비를 얻은 사람은 다른 사람들에게 어떻게 자비를 베풀게 될까요?

> **다음 모임까지 출 22~28장을 읽어 보세요.**

06

우상 숭배는 죄야!

성 경 말 씀 줄애굽기 32장 1~14설

포 인 트 우상 숭배는 하나님의 자리에 다른 사람이나 사물을 놓는 것이다.

등 장 인 물 삼위일체 하나님(성부, 성자, 성령)
모세(하나님의 백성을 약속의 땅으로 인도하도록 선택됨)
아론(모세의 형, 하나님이 모세의 대변인으로 택하심)

메시지 좌표 지난 과에서는 자기 백성의 부르짖음을 들으신 하나님이 어떻게 이집트에서 그들을 구원해 광야로 인도하셨는지를 살펴봤습니다. 하나님의 구원에 대한 올바른 반응은 감사와 예배입니다. 그런데 불행히도 이스라엘은 구원의 하나님이 아닌 금송아지 우상을 예배했습니다.
이번 과에서 우리는 이스라엘의 우상 숭배가 어떻게 하나님의 정죄를 받게 되는지 살펴볼 것입니다. 우상 숭배는 하나님을 왜곡해서 받아들이게 하고 우리를 타락시키며, 자신을 드러내시는 하나님으로부터 멀어져 구원이나 변화시키는 능력이 없는 거짓 신에게 나아가도록 이끌므로 매우 위험합니다. 우리가 또한 보게 되는 것은, 모세가 하나님과 백성 사이에 서서 백성을 위해 하나님께 탄원하는 것입니다. 예수 그리스도를 중보자로 둔 우리는 우상에서 벗어나 그분이 주신 사명을 감당하도록 힘주시는 하나님의 능력을 신뢰합니다.

금송아지

이스라엘이 하나님이 아닌
우상을 경배하다.

계명 (1부)

하나님이 이스라엘에게
자신과 어떻게 관계를 맺어야 하는지
지침을 주시다.

툭하면 빠지는 함정, 우상 숭배

이스라엘이 어쩌다 우상 숭배에 빠졌을까요? 어쩌다 참예배를 망쳤을까요? 같은 이유로, 우리 또한 우상 숭배에 빠집니다.

1. 하나님 말씀에 불순종할 때 우상 숭배에 빠집니다(출 32:1상).

2. 하나님의 목적을 불신하면 우상 숭배에 빠집니다(출 32:1하).

3. 하나님의 은혜를 잊으면 우상 숭배에 빠집니다(출 32:2~4).

4. 자기 은사를 하나님 영광을 위해 사용하지 않으면 우상 숭배에 빠집니다.

하나님의 영광을 위해 자신의 시간과 재능과 재정을 어떻게 사용하고 있나요?

____

____

____

____

출애굽기 32장 1절

백성이 모세가 산에서 내려옴이 더딤을 보고 모여 백성이 아론에게 이르러 말하되 일어나라 우리를 위하여 우리를 인도할 신을 만들라 이 모세 곧 우리를 애굽 땅에서 인도하여 낸 사람은 어찌 되었는지 알지 못함이니라

06 우상 숭배는 죄야!

내 힘으로 물리치지 못하는 죄,
누가 나 좀 도와줘!

이스라엘 백성은 창조주 하나님을 예배하는 대신 피조물을 예배하기로 결정했습니다. 시편 106편 23절은 이렇게 기록합니다. "그러므로 여호와께서 그들을 멸하리라 하셨으나 그가 택하신 모세가 그 어려움 가운데에서 그의 앞에 서서 그의 노를 돌이켜 멸하시지 아니하게 하였도다." 모세의 중재 사역에 대한 매우 인상적인 묘사입니다. 출애굽기 32장 11~14절에서 우리는 중재하는 모세의 중요한 역할을 보게 됩니다.

하나님과 다른 사람을 중재한다는 것은 무슨 뜻일까요?

____

____

____

다른 사람을 위해 얼마나 자주 기도하나요?

____

____

____

이 이야기가 시사하는 것은 다른 사람을 위해 하나님께 간청해야 한다는 것입니다. 첫째, 기도할 때 하나님의 성품과 신실하심에 호소해야 합니다. 모세는 하나님의 긍휼하심과 신실하심에 호소했습니다.

계명 (2부)

하나님이 이스라엘에게 이웃과 어떻게 관계를 맺어야 하는지 지침을 주시다.

성막

하나님이 백성 가운데 거하실 성막을 세우시다.

속죄 제사 (1부)

번제, 소제, 화목제

속죄 제사 (2부)

속죄제, 속건제

둘째, 기도할 때 이기적인 욕망이 아닌 하나님의 뜻을 구해야 합니다. 모세는 개인의 영광을 구하지 않았습니다. 하나님은 그에게 그와 함께 다시 시작하겠다고 말씀하셨습니다. "너를 큰 나라가 되게 하리라"(출 32:10). 그런데 모세는 이스라엘을 큰 민족으로 만들고자 하시는 하나님의 뜻을 성취하는 데 더 관심을 기울였습니다. 우리도 하나님의 뜻 가운데 기도해야 합니다. 개인의 명성을 구하지 말고, 열방을 제자로 삼으라는 뜻입니다.

셋째, 기도할 때 하나님이 응답하신다는 사실을 믿어야 합니다. 출애굽기 32장은 하나님이 기도에 어떻게 응답하시는지를 보여 주는 최고의 예입니다. 하나님은 인격적이시며, 기도에 응답하시는 분입니다.

그리스도와의 연결

이스라엘 백성처럼 우리에게도 우상 숭배하는 죄를 위해 중재해 줄 사람이 필요합니다. 모세는 모두가 필요로 하는 최종적이며 궁극적인 인류의 중보자를 예표하는데, 바로 예수님입니다(딤전 2:5 참조). 모세보다 위대한 예수님이 중보로 우리에게서 하나님의 진노를 제하셨습니다(요 3:16 참조). 예수님의 사역이 없었다면 우리는 모두 정죄받고 소멸되었을 것입니다. 우리를 구원하신 예수 그리스도를 찬양합시다!

하나님이 들려주시는 이야기는 오늘을 사는 나와 늘 연결되어 있습니다. 아래 질문에 답하면서 성경 이야기가 내 이야기와 어떻게 연결되는지 생각해 봅시다.

▶ 하나님에 대한 나의 견해가 성경에 나타난 하나님의 말씀과 맞는 것이 왜 중요할까요? 만약 그렇지 않다면, 어떤 위험성이 있을까요?

▶ 하나님에 대한 나의 관점이 내 행동에 어떤 영향을 미칠까요? 하나님에 대한 오해로 잘못된 선택을 한 적이 있나요?

▶ 오늘날 우리가 씨름하고 있는 우상의 목록을 적어 보세요. 그리고 그것이 자신에게 얼마나 의미가 있는지 생각해 보세요.

▶ 이스라엘 백성처럼 하나님이 주신 은혜를 잊고 살면 어떤 일이 일어날까요?

하나님의 이야기
하나님이 그분의 아들
예수 그리스도를 통해
우리를 구속해 주신 이야기

우리의 이야기
우리의 이야기가
하나님의 이야기와
만나는 곳

생 각

피조물은 모두 우상 숭배의 대상이 될 수 있습니다. 대개 좋은 것일수록 우상으로 떠받들어지는 법입니다. 하지만 '선한 것'을 '신적인 것'으로 둔갑시켜서는 안 됩니다. 그러다가는 완전히 속박되고 부패한 삶을 살다가 생을 마치게 될 것입니다.

- 하나님이 창조하신 '선한 피조물'이 사람들에 의해 '신적인 피조물'로 바뀌는 것들로 무엇이 있습니까?

- 이런 종류의 우상 숭배에 빠지지 않기 위해서는 어떻게 해야 할까요?

마 음

하나님의 말씀에 대한 거부, 하나님을 향한 신뢰 부족, 하나님의 은혜에 대한 감사 부족, 하나님의 영광에 대한 갈망 부족이 이스라엘을 우상 숭배에 빠뜨려 타락하게 했습니다. 이스라엘은 예배를 왜곡했습니다. 그들은 하나님의 방법이 아닌 자기 방법대로 행했습니다. 예배란 자신을 영화롭게 하기 위한 것이 아니라, 하나님을 영화롭게 하기 위한 것임을 기억해야 합니다. 주님의 이름으로 일하면서도 주님을 예배하지 않을 수 있습니다.

- 하나님의 뜻보다 사람의 입맛에 맞추면서부터 예배가 '망가지고 있다'는 것을 보여주는 징표들은 무엇입니까?

- 참예배를 드리기 위해서는 어떻게 해야 할까요?

행 동

하나님은 주님을 필요로 하는 사람들을 위해 기도하도록 우리를 부르셨습니다. 그들의 구원을 위해 기도할 때는 하나님의 성품과 신실하심에 호소해야 합니다. 다른 이들에게 사랑 안에서 진실을 말하고, 그들의 삶에 하나님의 은혜가 임하도록 간구해야 합니다.

- 고난의 시간에 우상을 찾는 대신 믿음으로 하나님께 의지하도록 어떻게 도울 수 있을까요?

- 다른 사람을 위해 기도할 때 어땠나요?

다음 모임까지 출 29~36장을 읽어 보세요.

출애굽기, 레위기, 신명기

율법을 주시는 하나님

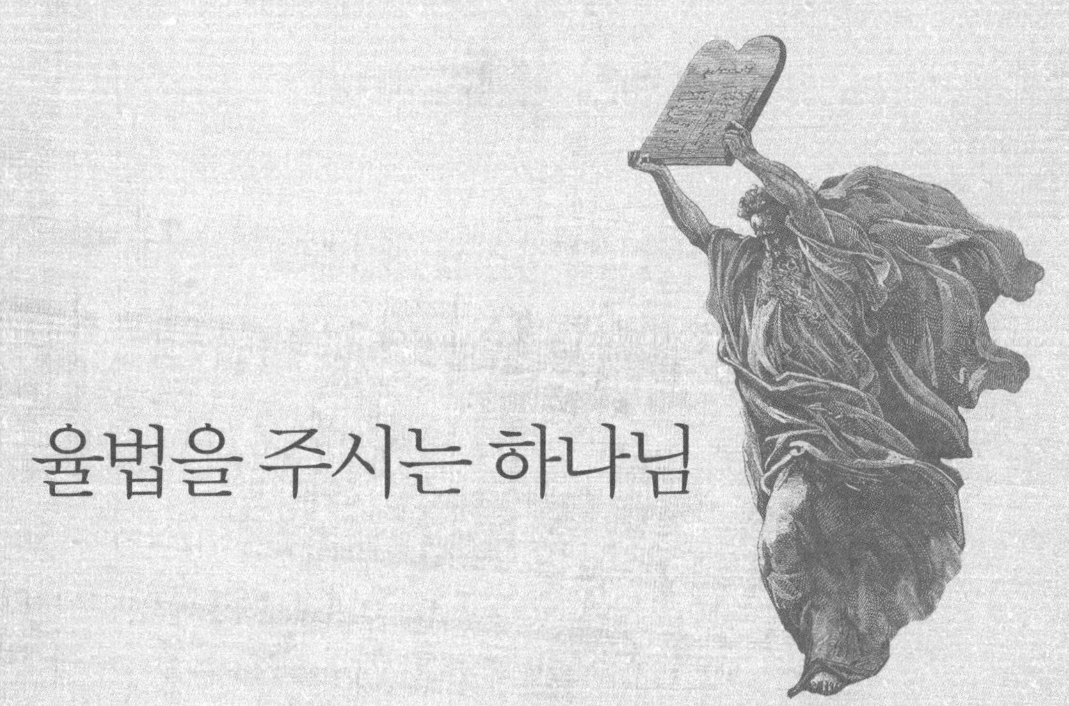

신명기

10장 17~19절

너희의 하나님 여호와는 신 가운데 신이시며 주 가운데 주시요
크고 능하시며 두려우신 하나님이시라 사람을 외모로 보지 아니하시며
뇌물을 받지 아니하시고 고아와 과부를 위하여 정의를 행하시며
나그네를 사랑하여 그에게 떡과 옷을 주시나니 너희는 나그네를 사랑하라
전에 너희도 애굽 땅에서 나그네 되었음이니라

07
십계명 돌판 하나!

성 경 말 씀   출애굽기 19장 1~6절; 20장 1~11절

포 인 트   처음 네 계명은 자기 백성의 삶 속에서 우선이 되고자 하는 하나님의 열망을 반영한다.

등 장 인 물   삼위일체 하나님(성부, 성자, 성령)
모세(하나님의 백성을 약속의 땅으로 인도하도록 선택됨)

메시지 좌표   하나님은 모세에게 율법을 주어 이스라엘 백성에게 진리를 가르쳐 주십니다. 이스라엘은 광야에서 헤매느라 지쳤습니다. 하나님이 홍해에서 그들을 위해 보이신 위대한 승리는 먼 옛날 일이 되었고, 약속하신 땅에 들어가 정착하기만을 바랄 뿐입니다. 하지만 그들은 들어갈 준비가 되지 않았습니다. 하나님이 그들에게 행하실 일이 아직 남아 있었습니다.
이번 과에서는 이스라엘에 대한 하나님의 사랑 선포, 그리고 이 선포가 율법의 수여로 이어지는 모습을 살펴볼 것입니다. 그들이 이해해야 하는 것이 있는데, 그것은 하나님의 사랑 그리고 하나님이 그들에게 기대하시는 바가 있다는 것입니다. 하나님을 더욱 알아 가야 하고, 그분과 언약적 관계 안에 사는 것이 어떤 의미인지를 배워야 합니다. 율법을 통해, 우리는 하나님의 거룩하심과 우리를 구속하시는 사랑을 볼 수 있습니다. 그리고 그것을 지킬수록, 하나님의 거룩하심과 사랑을 세상에 드러내게 됩니다.

계명 (1부)

하나님이 이스라엘에게
자신과 어떻게 관계를 맺어야 하는지
지침을 주시다.

계명 (2부)

하나님이 이스라엘에게
이웃과 어떻게 관계를 맺어야 하는지
지침을 주시다.

독수리 날개로 업고 날아올 만큼 너를 사랑한단다!

'시내 산에 있는 모세' 하면, 십계명이 떠오르죠. 우리는 십계명의 맥락을 잘 알아야 합니다. 하나님은 히브리인들을 독수리의 날개로 업어서 구원했다고 말씀하시며, 그들에게 하나님이 사랑하시고 보호하시는 것을 확인시켜 주십니다. 하나님은 이집트의 속박에서 건져 내어 친히 데려온 이가 바로 자신임을 모세를 통해 그들에게 상기시키십니다. 이스라엘을 건져 내실 때 구원자로서 자신을 드러내셨던 것입니다.

이렇게 말씀하신 하나님이 오늘날 우리를 구원해 주시는 바로 그 하나님임을 아는 것이 왜 중요할까요?

____

____

____

____

출애굽기 19장 3~6절

모세가 하나님 앞에 올라가니 여호와께서 산에서 그를 불러 말씀하시되 너는 이같이 야곱의 집에 말하고 이스라엘 자손들에게 말하라 내가 애굽 사람에게 어떻게 행하였음과 내가 어떻게 독수리 날개로 너희를 업어 내게로 인도하였음을 너희가 보았느니라 세계가 다 내게 속하였나니 너희가 내 말을 잘 듣고 내 언약을 지키면 너희는 모든 민족 중에서 내 소유가 되겠고 너희가 내게 대하여 제사장 나라가 되며 거룩한 백성이 되리라 너는 이 말을 이스라엘 자손에게 전할지니라

07 십계명 돌판 하나!

나를 사랑하고, 내게 헌신하려면 이렇게 하렴!

지금까지 살펴본 대로 하나님은 이스라엘의 하나님이시며, 홀로 그들을 이집트에서 구원해 내신 분입니다. 하나님은 이 사실을 그들에게 다시 강조하십니다. 교훈은 간단합니다. 하나님은 하나님이시기에 우리의 완전한 헌신을 받을 자격이 있으시다는 것입니다. 출애굽기 20장 3~6절에서 이 중요한 진리를 어떻게 뒷받침해 주는지 살펴봅시다.

하나님이 아닌 다른 무언가를 섬기려는 갈망은 으뜸 자리를 두고 하나님과 늘 경쟁하려고 덤비는 마음에서 나옵니다. 우리는 그냥 내버려 두면 언제나 자신을 높이고, 자신이 바라는 것을 이루어 주리라 믿는 것들로 주변을 둘러쌉니다. 우리의 마음은 자신이 아닌 바깥의 도움으로 다시 만들어지고 세워져야 합니다. 하나님보다 못한 것에 경배하려는 죄 된 성향을 깨뜨릴 힘의 도움이 필요합니다.

이어지는 두 계명은 하나님께 완전히 헌신하는 삶이 어떤 모습인지를 잘 보여 줍니다.

하나님의 이름을 함부로 사용하지 말라는 것은 무슨 의미일까요? 하나님을 경외하라는 뜻입니다. 그러므로 하나님에 관해서, 혹은 하나님을 대변하기 위해서 하나님의 이름을 사용할 때는 신중히 해야 합니다.

성막

하나님이 백성 가운데 거하실
성막을 세우시다.

속죄 제사 (1부)

번제, 소제, 화목제

출애굽기 20장 3~6절

너는 나 외에는 다른 신들을 네게 두지 말라 너를 위하여 새긴 우상을 만들지 말고 또 위로 하늘에 있는 것이나 아래로 땅에 있는 것이나 땅 아래 물 속에 있는 것의 어떤 형상도 만들지 말며 그것들에게 절하지 말며 그것들을 섬기지 말라 나 네 하나님 여호와는 질투하는 하나님인즉 나를 미워하는 자의 죄를 갚되 아버지로부터 아들에게로 삼사 대까지 이르게 하거니와 나를 사랑하고 내 계명을 지키는 자에게는 천 대까지 은혜를 베푸느니라

속죄 제사 (2부)

속죄제, 속건제

모세의 고별 설교

구속하신 하나님을
기억하라는 지침을 주다.

그리스도인으로서 우리는 예수 그리스도 덕분에 안식일 율법의 세부 조항에서 자유롭게 되었다고 믿습니다. 예수님이 우리 영혼의 안식이시기 때문입니다(골 2:16~23 참조).

그러나 십계명에는 여전히 우리가 기억해야 할 중요한 원리들이 있습니다.

· 하나님을 본받아야 합니다.
· 우리는 하나님을 신뢰해야 합니다.
· 우리가 하나님이 아님을 인정해야 합니다.
· 우리에게는 하나님이 필요함을 인정해야 합니다.

그리스도와의 연결

율법을 통해 하나님은 하늘의 베일을 걷고 자신을 은밀히 보여 주십니다. 하나님은 우리에게 그분의 거룩하심을 보여 주심으로써, 율법이 요구하는 조건에 미치지 못하는 우리의 모습을 보게 하십니다. 우리의 힘만으로는 율법이 요구하는 조건들을 충족시키지 못합니다. 우리를 위해 행하신 예수님의 사역 없이는 불가능한 일입니다. 오직 십자가를 통해서만 가능합니다. 우리가 구원을 바라며 회개하고 예수님을 믿을 때, 주님이 우리 의가 되어 우리를 위해 율법의 조건들을 충족시켜 주십니다. 예수님은 하나님의 영광을 으뜸 자리에 놓으시고, 하나님 아버지의 이름을 온전히 영화롭게 하시며, 우리의 참 안식이 되어 주신 독생자이십니다.

한 분이신 하나님

'쉐마'로 불리는 신명기 6장 4~9절에서 볼 수 있듯, 성경은 하나님이 한 분이심을 단언합니다. 구약 시대와 신약 시대 모두에서 유일신교(한 분 하나님을 믿음) 사상을 가지는 것은 주변 문화와 대조되는 일이었습니다. 대부분의 문화권이 다신교(여러 신을 믿음)나 단일신교(여러 신을 믿는데 그중 한 신을 주신으로 섬김) 사상을 가지고 있었기 때문입니다. 오직 하나님의 백성만이 하나님의 계시에 근거해 여호와 하나님만이 유일한 참 하나님이심을 알았습니다.

하나님이 들려주시는 이야기는 오늘을 사는 나와 늘 연결되어 있어요. 아래 질문들에 답하면서 성경 이야기가 내 이야기와 어떻게 연결되는지 생각해 보세요.

▶ 이스라엘처럼 하나님께 받은 사랑과 구원의 증거가 있습니까? 삶으로 구원의 하나님을 전하고 있습니까?

▶ 내가 좋아하는 것 중에 우상으로 만들지 않기 위해 애쓰고 있는 것이 있습니까?

▶ 하나님의 이름이 세상에서 함부로 사용되지 않게 하려면 어떻게 해야 할까요? 왜 하나님은 이것을 매우 심각하게 여기실까요?

▶ 이번 과를 통해 안식일을 지키라는 명령에 대한 생각이 바뀌었나요? 십계명에서 우리가 기억해야 할 세 가지 원리를 되새기면 어떤 유익이 있을까요?

하나님의 이야기
하나님이 그분의 아들
예수 그리스도를 통해
우리를 구속해 주신 이야기

우리의 이야기
우리의 이야기가
하나님의 이야기와
만나는 곳

YOUR MISSION

HEAD

생 각

십계명의 처음 네 계명은 하나님과의 관계를, 다음 여섯 계명은 다른 사람들과의 관계를 다루고 있습니다. 하나님을 제일 위에 모시고, 그다음에 다른 것들을 두고 있죠. 이 순서가 중요합니다. 하나님과의 관계는 다른 사람들과 맺는 관계의 범위와 깊이를 결정합니다. 하나님과의 관계가 건강하고 예수님 중심으로 사는 사람은 그 관계에서 받은 은혜와 자비와 사랑을 다른 사람들에게도 전할 수 있게 됩니다.

- 우리와 하나님과의 관계는 우리와 다른 사람들과의 관계에 어떤 영향을 미칠까요?

- 하나님과의 좋은 관계란 어떤 모습일까요?

HEART

마 음

요즘은 어떤 형상이나 조각을 만들어 섬기지 않는다 해도 더 미묘한 형태의 우상 숭배를 경계해야 합니다. 우리가 으뜸으로 여기는 것은 누구든지 무엇이든지 우상이 될 수 있습니다. 십계명의 처음 두 계명은, 하나님은 사랑이 많은 분이지만 우리 마음속에 있는 보좌만큼은 절대 양보하지 않는 분이라는 사실을 일깨워 줍니다. 우리 삶에서 하나님은 언제나 으뜸이 되셔야 합니다.

- 하나님이 우리 마음속의 보좌를 요구하시는 것이 합당하다고 생각하나요?

- 우상인지, 우상이 아닌지는 어떻게 알 수 있을까요?

HANDS

행 동

하나님은 우리가 하나님을 우리 삶의 최우선 순위에 모시는 즐거움으로 살아가며, 그것을 세상에 드러내며 살기를 바라십니다. 이를 통해 다른 사람들도 하나님을 자기 삶의 최우선 순위에 모시는 즐거움을 알고 경험하기를 원하십니다.

- 우상 숭배가 그리스도인의 사명과 가르침에 장애가 되는 이유는 무엇일까요?

- 이번 과를 통해 십계명에 대한 생각이 어떻게 달라졌나요?

> 다음 모임까지 출 37~40장; 레 1~4장을 읽어 보세요.

08

십계명 돌판 둘!

성 경 말 씀 　출애굽기 20장 12~17절

포 인 트 　나머지 여섯 계명은 백성이 서로 어떤 관계로 살아가야 하는지에 관한
하나님의 열망을 반영한다.

등 장 인 물 　삼위일체 하나님(성부, 성자, 성령)
모세(하나님의 백성을 약속의 땅으로 인도하도록 선택됨)

메시지 좌표 　십계명에는 분명한 경계선이 존재합니다. 처음 네 계명은 하나님의 구원
과 은혜에 대한 사랑의 반응을 묘사합니다. 그리고 다음 여섯 계명은 다
른 사람들과 어떤 관계를 맺어야 하는지에 초점을 맞춥니다. 하나님은 그
의 은혜로 우리가 하나님과 화해하고 친밀한 관계를 맺을 뿐 아니라, 다
른 사람들과도 건강한 관계를 맺길 바라십니다.
이번 과에서는 인간관계를 통해 하나님을 예배하는 데 초점을 맞춘 여섯
계명을 살펴볼 것입니다. 하나님이 우리를 부르신 것은 부모를 공경하고,
이웃을 자기 자신처럼 사랑하고, 자족하는 마음을 가짐으로써 하나님을
예배하도록 하기 위함임을 알게 될 것입니다. 하나님을 향한 우리 사랑을
표현하는 방법 중 하나는 주님의 형상대로 지음받은 다른 사람들을 사랑
하는 것입니다.

계명 (2부)

하나님이 이스라엘에게
이웃과 어떻게 관계를 맺어야 하는지
지침을 주시다.

성막

하나님이 백성 가운데 거하실
성막을 세우시다.

부모를 공경할 줄 알아야 하나님을 예배하지!

'공경하다'로 번역된 히브리어에는 '무겁다'라는 뜻이 있지만, '넘치도록 존경하다'라는 긍정적인 의미도 있습니다. 부모라 해도 원죄를 가진 인간이기에 공경을 받을 만한 '자격'이 얼마나 있는가는 저마다 다를 수 있습니다. 하지만 하나님은 부모의 자격을 따지고 나서 공경할지 말지를 결정하라고 하지 않으셨습니다. 하나님이 부모를 공경하라고 하신 것은, 그것이 하나님을 공경하는 방법이며 우리 삶에서 하나님의 권위를 인정하는 것이기 때문입니다.

부모를 공경하기 위해 어떤 식으로 노력하고 있습니까?

다섯 번째 계명을 좀 더 잘 지켰더라면, 가정의 분위기가 어떻게 달라졌을 것 같습니까?

하나님을 사랑한다면 이웃을 해칠 리 없지!

살인하지 말라

이 계명은 분명하고도 간결합니다. 살인은 배후의 동기로 인해, 그리고 사람의 목숨을 무시하는 행태로 인해 죄입니다.

간음하지 말라

일곱 번째 계명은 애초에 성이 결혼의 범위 안에서 제한되도록 디자

출애굽기 20장 12절

네 부모를 공경하라 그리하면 네 하나님 여호와가 네게 준 땅에서 네 생명이 길리라

인하신 하나님의 뜻에서 비롯되었습니다. 태초에 하나님은 사람이 독처하는 것이 좋지 않다고 여겨 여자를 창조하셨습니다. 아담과 하와는 진리와 사랑 안에서 하나님의 형상을 함께 드러냈습니다.

도둑질하지 말라

여덟 번째 계명은 도둑질을 금합니다. '도둑질'은 모든 선한 것의 주인이신 하나님을 신뢰하는 대신 소유욕에 사로잡혀 온갖 부정직한 행위를 저지르는 것을 가리킵니다.

네 이웃에 대하여 거짓 증거하지 말라

아홉 번째 계명은 이웃에 대한 위증 금지입니다. 구약성경 내내 하나님은 거짓말하는 입술에 대한 미움을 말씀하시며 진실만을 선포하라고 요구하십니다. 하나님은 진실을 말씀하시는 분이므로 그의 백성도 언제나 진실만을 말해야 합니다.

네 이웃의 집을 탐내지 말라

열 번째 계명은 욕구를 충족하고자 하는 우리 성향에 관한 것입니다. 사람은 하나님이 되려고 하면서 자기가 결코 얻을 수 없는 것들을 채우려고 애씁니다. 이러한 특성은 에덴동산에서부터 시작되었습니다. 정직하게 잘 관찰한다면, 자기 삶에서 이런 성향을 발견하게 될 것입니다.

위의 다섯 계명 중에서 가장 무시하기 쉬운 것은 무엇입니까?

____

계명을 지키며 살아가는 그리스도인이 더 많아진다면, 세상은 어떻게 달라질까요?

____

속죄 제사 (1부)

번제, 소제, 화목제

속죄 제사 (2부)

속죄제, 속건제

그리스도와의 연결

우리는 "네 부모를 공경하라"는 계명을 지킴으로써 예수님을 닮을 수 있습니다. 예수님은 자기 영광을 억제하고 스스로 권위 앞에 순종하셨습니다. 부모에게 순종하는 것은 그리스도의 겸손과 사랑을 나타내는 것입니다.

"살인하지 말라"는 계명과 관련해 예수님은 살인 너머에 있는 마음, 즉 미움을 지적하심으로써 한 걸음 더 들어가십니다. 살인이 다른 이에 대한 미움이나 분노로 가득한 마음에서 흘러나오는 가증한 행동임을 아셨기 때문입니다.

"간음하지 말라"는 계명과 관련해 예수님은 행동 너머에 있는 마음, 즉 음욕을 지적하십니다. 이는 결혼 서약이 예수님과 교회의 관계를 보여 주기 때문입니다. 예수님은 신실한 신랑으로서 자신이 구속하신 백성과 친밀한 관계에 들어가십니다. 이처럼 남자와 여자는 결혼이라는 언약적 관계에 들어감으로써 그리스도의 사랑과 신실함에 대해 생생하고 객관적인 교훈을 세상에 보여 줍니다.

"도둑질하지 말라"는 계명과 관련해 예수님은 정말 중요한 것이 무엇인지 깨닫게 하시며, 보물이 있어야 할 곳을 알려 주십니다(마 6:19~24).

"네 이웃에 대하여 거짓 증거하지 말라"는 계명과 관련해 예수님은 우리가 복음의 권능을 통해서 자기 자신보다 진실을 더 사랑하도록 다시 태어날 수 있다고 일깨워 주십니다.

"네 이웃의 집을 탐내지 말라"는 계명과 관련해 예수님은 우리가 성령의 능력을 통해 만족을 얻을 수 있다고 가르치십니다. 오직 그리스도를 통해서만 이기심을 죽일 수 있으며, 우리의 삶에 임하는 하나님의 계획과 공급에 만족할 수 있습니다.

모세의 고별 설교

구속하신 하나님을
기억하라는 지침을 주다.

약속의 땅 정탐

정탐꾼들이 돌아와 보고하다.

알짬 교리 99

성경의 권위

성경은 인류를 향한 하나님의 특별한 계시를 담고 있는 하나님의 영감 있는 말씀으로 그리스도인에게는 궁극적인 권위를 지닌 기준이 됩니다. 성경의 모든 가르침은 진리입니다. 따라서 성경은 인류를 위한 지혜의 보고로서 하나님의 영광에 합당하게 살아가는 방법을 가르쳐 줍니다. 성경의 권위에 복종한다는 것은 말씀을 믿고 순종하는 것으로 이것은 곧 하나님을 믿고 순종하는 것을 의미합니다.

08 십계명 돌판 둘!

하나님이 들려주시는 이야기는 오늘을 사는 나와 늘 연결되어 있어요. 아래 질문들에 답하면서 성경 이야기가 내 이야기와 어떻게 연결되는지 생각해 보세요.

▶ 부모를 공경하는 바람직한 태도는 무엇인가요?

▶ 예수님이 살인을 '미워하는 마음'과 연결하신 이유는 무엇일까요? 미워하는 마음을 없애는 방법에는 어떤 것들이 있을까요?

▶ 오늘날 돈이 아닌 것들을 훔치는 것은 흔한 일이 되었습니다. 어떤 예를 들 수 있을까요? 그리스도인은 이런 일에 어떻게 반응해야 할까요?

▶ 오늘날 대수롭지 않게 여기며 흔히 하는 거짓말에는 어떤 것들이 있나요? 그리스도인은 거짓말에 어떤 자세를 지녀야 할까요?

하나님의 이야기
하나님이 그분의 아들
예수 그리스도를 통해
우리를 구속해 주신 이야기

우리의 이야기
우리의 이야기가
하나님의 이야기와
만나는 곳

HEAD

생 각

도둑질은 탐심에서 비롯되는 행동입니다. 마음속에서 단순히 바랐던 것이 나도 모르는 사이에 그것 없이는 살 수 없는 무언가로 바뀔 수 있습니다. 야고보서 4장 1~3절은 유혹이 죄로 변하는 과정을 보여 주는데, 각 사람이 자신의 정욕에 이끌린다고 말합니다.

- 탐심과 도둑질은 어떤 관련이 있을까요?

- 받는 것보다 주는 것이 더 복되다는 말에 동의하나요? 그렇다면 또는 그렇지 않다면 그 이유는 무엇인가요?

HEART

마 음

탐심은 주로 마음속에서 일어나는 사건입니다. 하지만 이 죄의 열매는 사람의 삶 속에 노골적으로 드러나고, 자주 다른 죄로 이끄는 원천이 됩니다.

- 탐심은 하나님에 대한 생각과 태도에 어떤 영향을 미칠까요?

- 출애굽기 20장 17절에서 "탐내지 말라"고 한 대상을 오늘날의 것으로 바꿔 봅시다.

HANDS

행 동

다른 사람들과 관계 맺는 방식은 복음을 전하는 데 영향을 미칩니다. 만약 그리스도인이라고 하면서도 다른 사람들을 푸대접하거나 존중하지 않는다면, 그들에게 우리의 복음 증거는 부정적으로 비칠 것입니다. 반대로 사랑하고 존중한다면, 우리의 복음 증거는 긍정적으로 비칠 것입니다. 믿음은 관계에 긍정적인 영향을 끼쳐야 하고, 관계는 주변 사람들을 향한 복음 증거에 긍정적으로 기여해야 합니다.

- 부모를 공경하지 않거나 도둑질하거나 탐하는 등의 행동이 그리스도의 대사로서의 우리 사명을 어떻게 방해합니까?

- 다른 사람들과 좋은 관계를 맺는 그리스도인을 보면, 세상 사람들은 어떤 생각을 할까요?

> 다음 모임까지 레 5~10장을 읽어 보세요.

09

성막, 하나님의 집

성 경 말 씀 — 출애굽기 25장 1~9절; 39장 32~43절; 40장 34~38절

포 인 트 — 하나님은 자기 백성과 함께 거하기를 원하신다.

등 장 인 물 — 삼위일체 하나님(성부, 성자, 성령)
모세(하나님의 백성을 약속의 땅으로 인도하도록 선택됨)
브살렐과 오홀리압(기술자, 광야에서 성막을 지음)

메시지 좌표 — 이번 과에서는 십계명에 이어 또 다른 중요한 사건을 다룰 것입니다. 바로 '성막 건설'입니다. 우리에게 다소 친숙한 이야기지만, 이스라엘 백성의 삶에서 성막이 차지하는 의미와 중요성에 대해서는 간과된 면이 있습니다. 이 이야기는 자기 백성 가운데 거하시는 하나님과 그분의 의지에 대해 많은 것을 특별한 방식으로 가르쳐 줍니다. 그리고 죄 많은 우리가 어떻게 해야 하나님을 만날 수 있는지에 대해 알려 줍니다.

성막

하나님이 백성 가운데 거하실
성막을 세우시다.

속죄 제사 (1부)

번제, 소제, 화목제를 설명하다

성막을 지으리라

모세가 시내 산에서 하나님과 독대할 때, 하나님은 그분의 다음 관심사가 무엇인지 보여 주셨습니다. 하나님의 임재를 선포할 성막, 즉 거룩한 장막을 세우라고 명하신 것입니다. 거룩하신 하나님이 자기 백성 가운데 거하실 수 있도록 말이에요.

"내가 그들 중에 거할"이라는 구절에 주목하세요. 이스라엘 백성도 우리처럼 하나님이 시공을 초월해 어느 곳에나 임하실 수 있다는 것을 알았습니다. 어려운 신학 용어로 '편재하시는 하나님'이라고 합니다. 하지만 하나님은 특정한 시대와 공간 속에 감각적으로 알 수 있는 방식으로 인간 가운데 자신의 임재를 드러내기로 결정하셨습니다. 광야에서는 성막이 바로 그런 공간이 될 것입니다.

하나님은 성막 건설의 작은 부분까지 구체적으로 지시하셨습니다. 왜 그러셨을까요?

____

____

____

____

구체적인 지시가 하나님께 순종하는 것을 더 쉽게 만들까요? 아니면 더 어렵게 만들까요? 왜 그렇게 생각하나요?

____

____

____

____

출애굽기 25장 8~9절

내가 그들 중에 거할 성소를 그들이 나를 위하여 짓되 무릇 내가 네게 보이는 모양대로 장막을 짓고 기구들도 그 모양을 따라 지을지니라

뚝딱뚝딱, 이렇게 지어라

성막과 관련해서는 모든 것이 완벽히 맞아떨어졌습니다. 원자재들이 모이자 브살렐과 오홀리압 두 명의 장인이 일꾼들과 함께 장막을 세우고 모든 기구를 정교하게 만들기 시작했습니다. 성경 저자는 하나님이 이들에게 기술을 부어 주셨다고 기록했습니다(출 36:1). 성경에는 각 공정에 따른 세부 사항들이 세세히 기록되어 있습니다.

> **출애굽기 39장 32~33a절**
>
> 이스라엘 자손이 이와 같이 성막 곧 회막의 모든 역사를 마치되 여호와께서 모세에게 명령하신 대로 다 행하고 그들이 성막을 모세에게로 가져왔으니

내가 그곳에 임하리라

하나님은 이전에(그리고 임시로) 구름기둥을 통해 이스라엘 백성에게 자신의 임재를 드러내신 적이 있습니다. 이스라엘 진영 밖에 있는 임시 회막, 즉 모세가 주님과 말씀을 나누는 곳 위에 또다시 구름이 덮였습니다(출 13:21; 33:7~11). 그런데 이전보다 더 놀랍고 새로운 일이 일어납니다. 출애굽기 40장에 쓰인 것처럼 하나님이 진영 한가운데, 즉 새로 지은 성막 위에 누구나 볼 수 있게 나타나신 것입니다.

> **출애굽기 40장 34~35절**
>
> 구름이 회막에 덮이고 여호와의 영광이 성막에 충만하매 모세가 회막에 들어갈 수 없었으니 이는 구름이 회막 위에 덮이고 여호와의 영광이 성막에 충만함이었으며

출애굽기 40장 34~35절에는 "여호와의 영광"이 두 번이나 강조됩니다. '영광'으로 번역된 히브리어 단어는 '무게'와 '밝음'이라는 두 가지 의미를 지니고 있습니다. 이스라엘의 하나님과 관련해서 영광이란 임재의 압도적인 현현을 가리킵니다.

속죄 제사 (2부)
속죄제, 속건제를 설명하다.

모세의 고별 설교
구속하신 하나님을
기억하라는 지침을 주다.

그리스도와의 연결

출애굽기의 성막에 관한 모든 내용은, 특히 결론 구절은 하나님이 자기 백성과 함께하길 원하시며, 그들과 함께함을 그들이 알기를 원하신다는 사실을 결정적으로 증명합니다. 이 진리는 오늘날에도 동일합니다. 이 진리에 관한 가장 위대한 증거는 성육신, 즉 하나님 자신이 인간의 형태를 입으신 데 있습니다. 예수님은 과거뿐 아니라 현재에도 하나님이 인류에게 자신을 드러내시는 으뜸가는 성막이십니다.

약속의 땅 정탐

정탐꾼들이 돌아와 보고하다.

놋뱀

쳐다보는 모든 백성이
치유되다.

제사장이신 예수님

알짬 교리 **99**

우리의 위대한 대제사장이신 예수님은 우리를 하나님과 화해시키는 사역을 완수하셨습니다. 예수님은 우리를 의롭게 하려고 아버지께 완전한 의를 드린 분입니다. 또 우리를 위해 아버지 앞에 중보하시는 분이며(히 7:25; 9:24), 우리를 위해 여전히 신실하게 기도하시는 분입니다(눅 22:31~32; 요 17장).

> 하나님이 이스라엘에 강력히 임재하시겠다는 약속,
> 즉 실제로 그들 가운데 살기 위해 내려오시겠다는 약속은
> 성경에서 가장 의미 있는 약속들 가운데 하나다.
> 그리고 이것은 남은 이야기 전체에서 메아리칠 것이다.
> 스코트 듀발 & 대니얼 헤이스

하나님이 들려주시는 이야기는 오늘을 사는 나와 늘 연결되어 있어요. 아래 질문들에 답하면서 성경 이야기가 내 이야기와 어떻게 연결되는지 생각해 보세요.

▶ 하나님이 예물을 자원하는 마음으로 가져오라고 하신 이유는 무엇일까요? 우리는 예물을 어떻게 드려야 할까요?

▶ 하나님은 성막 건설을 위해 사람들을 세우셨습니다. 하나님의 뜻을 세우는 '거룩한 도구'로서 부름받은 우리는 무슨 일을 해야 할까요?

▶ 예수님이 십자가에서 죽으실 때, 그전까지 사람들이 하나님을 대면하지 못하도록 막아 놓았던 성전 두 번째 휘장이 위로부터 아래까지 찢어져 둘이 되었습니다(막 15:38). 이것이 상징하는 것은 무엇일까요?

▶ 하나님이 우리와 항상 함께하시므로 우리는 늘 하나님께 나아갈 수 있습니다. 그런데 왜 계속해서 하나님을 '경험하지' 못할까요?

하나님의 이야기
하나님이 그분의 아들
예수 그리스도를 통해
우리를 구속해 주신 이야기

우리의 이야기
우리의 이야기가
하나님의 이야기와
만나는 곳

YOUR MISSION

생 각

우주의 주인이신 하나님, 하늘과 땅을 지으신 이가 우리와 함께 거하시려 한다는 것은 놀라운 일입니다. 인간이 타락하기 이전에만 해당하는 이야기가 아닙니다. 인류가 죄와 반역 한가운데 있는 지금도 마찬가지입니다. 은혜롭게도 하나님은 구원받은 죄인인 우리와 함께 거하시며, 우리로 하여금 완전한 자신감을 가지고 그분의 임재 속에 들어가게 하십니다.

- 말씀을 통해 이스라엘 사람이 되어 성막 가득 빛나는 하나님의 임재와 성막 위의 구름을 목격하는 것은 하나님을 이해하는 데 어떤 영향을 미칠까요?

- 하나님이 자기 백성 가운데 거하길 원하신다는 사실을 아는 것은 죄와의 싸움에 어떤 영향을 미칠까요?

마 음

바울은 하나님의 성령이 우리 안에 거하신다는 사실을 성전을 통해 상기시킵니다. 세상에서 우리는 하나님의 성전으로서 다른 사람들에게 주님의 임재를 드러냅니다(고전 3:16; 6:19; 엡 2:21~22 참조).

- 당신의 삶에서 하나님의 영광은 어떤 식으로 드러납니까?

- 살아 있는 성막으로서 주위에 하나님의 임재를 어떻게 드러낼 수 있을까요?

행 동

성막 이야기를 통해 알 수 있는 또 하나의 사실은, 하나님이 다양한 은사를 사람들에게 주어 그의 나라와 다른 이들을 위해 사용하신다는 것입니다. 브살렐과 오홀리압은 하나님이 창조 때 의도하신 대로 예술가와 장인이 됨으로써 하나님께 영광을 돌렸습니다. 당신이 받은 은사와 장차 갖게 될 직업에 대해 생각할 때, 이것은 좋은 본보기가 될 것입니다.

- 은사나 직업에 대해 어떤 것은 거룩하고, 어떤 것은 세속적이라고 생각하는 것은 왜 잘못된 것일까요?

- 하나님의 영광을 위해 자기 재능을 계속 연마하는 데 브살렐과 오홀리압의 이야기는 어떻게 용기를 줍니까?

다음 모임까지 레 11~18장을 읽어 보세요.

10

번제, 소제, 화목제

성 경 말 씀 레위기 1장 3~9절; 2장 1~3절; 3장 1~5절

포 인 트 속죄 제사는 죄를 제거하고, 예배를 회복하고, 하나님과 화해하는 데 필요하다.

등 장 인 물 삼위일체 하나님(성부, 성자, 성령)
모세(하나님의 백성을 약속의 땅으로 인도하도록 선택됨)
아론(모세의 형, 하나님이 모세의 대변인으로 택하심)

메시지 좌표 지난 과에서 보았듯이 광야의 성막은 하나님의 임재가 그의 백성 가운데 나타나 보인 장소였습니다. 성막은 아름다운 모습에 경탄하라고 지어진 곳이 아니었습니다. 성막은 진지한 사역이 이루어지는 곳이었습니다. 성전 입구 앞에 놓인 큰 놋 번제단에서 도축한 희생 제물을 불에 태워 번제로 드렸습니다.

성경은 성막의 건설과 하나님의 영광이 장막을 가득 채운 내용을 서술한 후(출 40장), 거기서 드려질 동물 희생 제사의 세세한 지침을 나열합니다(레 1~7장). 주님은 희생 제사에 대한 지침을 구체적으로 주셨습니다. 다섯 가지 제사는 각각 조금씩 다른 목적이 있었지만, 속죄에 관한 확신을 드러내는 점에서는 모두 같았습니다.

속죄 제사 (1부)

번제, 소제, 화목제.

속죄 제사 (2부)

속죄제, 속건제

번제, 남김없이 태워라

하나님께 드리도록 특별히 규정된 첫 번째 동물 제사는 번제입니다. '번제'라는 이름은 아무것도 남기지 않고 전부를 완전히 태우는 유일한 제사라는 사실에서 비롯되었습니다.

레위기 1장 3~9절을 읽고, 다음 질문에 답해 보세요.

동물은 어디에서 데려왔습니까?

____

어떤 종류의 동물이어야 합니까?

____

제물은 어디에서 드려졌습니까?

____

제물을 바치는 사람은 어떻게 해서 동물과 동일시되었습니까?

____

주님은 제물에 어떻게 반응하셨습니까?

____

레위기 1장 3~9절

그 예물이 소의 번제이면 흠 없는 수컷으로 회막 문에서 여호와 앞에 기쁘게 받으시도록 드릴지니라 그는 번제물의 머리에 안수할지니 그를 위하여 기쁘게 받으심이 되어 그를 위하여 속죄가 될 것이라 그는 여호와 앞에서 그 수송아지를 잡을 것이요 아론의 자손 제사장들은 그 피를 가져다가 회막 문 앞 제단 사방에 뿌릴 것이며 그는 또 그 번제물의 가죽을 벗기고 각을 뜰 것이요 제사장 아론의 자손들은 제단 위에 불을 붙이고 불 위에 나무를 벌여 놓고 아론의 자손 제사장들은 그 뜬 각과 머리와 기름을 제단 위의 불 위에 있는 나무에 벌여 놓을 것이며 그 내장과 정강이를 물로 씻을 것이요 제사장은 그 전부를 제단 위에서 불살라 번제를 드릴지니 이는 화제라 여호와께 향기로운 냄새니라

소제, 일용할 곡식으로 드려라

레위기에서 하나님이 지시하신 두 번째 제사는 곡물(혹은 빵이나 가루)과 관련됩니다. 동물 희생 제사와 함께 드려지기도 하지만, 독립적으로 드려지기도 합니다. '소제'라는 이름은 동물을 죽이지 않고 곡물 가루나 요리로 만드는 유일한 제사라는 사실에서 비롯되었습니다.

백성은 날마다 곡물을 먹었기 때문에(가루로 빻아 빵으로 굽는 식으로), 소제는 생명을 위한 일용할 양식이 하나님의 공급에 달려 있다는 사실을 예배자에게 일깨우는 역할을 합니다. 이 제사는 하나님을 예배할 수 있게 되었다는 것, 예를 들어 죄나 질병 때문에 드리지 못했던 예배를 회복했다는 것을 나타내 주었습니다.

> ### 레위기 2장 1~2절
> 누구든지 소제의 예물을 여호와께 드리려거든 고운 가루로 예물을 삼아 그 위에 기름을 붓고 또 그 위에 유향을 놓아 아론의 자손 제사장들에게로 가져 갈 것이요 제사장은 그 고운 가루 한 움큼과 기름과 그 모든 유향을 가져다가 기념물로 제단 위에서 불사를지니

화목제, 이리 와 함께 먹자꾸나

하나님이 레위기에서 지정하신 모든 제사 가운데, 유일하게 화목제만 제물을 바치는 자도 먹을 수 있었습니다. 이것은 이 희생 제사가 무엇을 상징하느냐와 관련해 중요한 의미를 담고 있습니다. 이 제사의 목적은 하나님과의 화해로 인간이 하나님과 친교를 누릴 수 있게 하려는 것입니다. '화목제'라는 이름은 '평화'나 '온전함'을 의미하는 히브리어 단어 '샬롬'에서 비롯되었습니다. 제물을 바치는 자는 제사장 앞에 흠 없는 소나 양이나 염소를 가져와야 합니다. 화목제는 번제와 달리 기름과 내장 일부만 불에 태웠습니다.

> ### 레위기 3장 1~2절
> 사람이 만일 화목제의 제물을 예물로 드리되 소로 드리려면 수컷이나 암컷이나 흠 없는 것으로 여호와 앞에 드릴지니 그 예물의 머리에 안수하고 회막 문에서 잡을 것이요 아론의 자손 제사장들은 그 피를 제단 사방에 뿌릴 것이며

모세의 고별 설교
구속하신 하나님을 기억하라는 지침을 주다.

약속의 땅 정탐
정탐꾼들이 돌아와 보고하다.

제물을 바친 자는 제물을 요리해 제물을 드린 날과 그다음 날까지 먹을 수 있었습니다(레 7:16~18). 이것은 '하나님', '제사장', '제물을 바친 자'가 서로 친교를 나누는 일종의 공동 식사였습니다. 희생 제물로 바쳤던 고기를 같이 먹는 것은 이제 하나님과 올바른 관계를 맺게 되었음을 상징합니다. 대부분의 문화권에서는 어느 정도 우정 관계가 있어야 함께 식사합니다. 마찬가지로 이는 하나님이 친교의 식사를 함께 나누자고 예배자들을 초대하시는 것입니다.

그리스도와의 연결

번제에 대해 잘 알고 있던 히브리서 저자는 이스라엘 백성이 드리는 모든 희생 제사가 그리스도의 십자가 대속의 그림자이자 예표라는 사실을 설명했습니다.

그리스도의 죽음이 이스라엘 예전의 상징성을 어떻게 성취했는지 히브리서 9장에 잘 드러납니다. 예수님은 죄가 없으시므로 다른 이의 피가 필요 없지만, 다른 이들을 위해 자기 피를 바치셨습니다. 예수님은 지상의 모형 대신 하늘의 '지성소'로 들어가셨고(지난 과 참조), 일시적인 속죄가 아닌 '영원한 구속'을 이루셨습니다. 하나님께 자기 자신을 희생 제물로 바침으로써 우리의 죄를 영원히 사하셨습니다. "그가 거룩하게 된 자들을 한 번의 제사로 영원히 온전하게 하셨느니라 … 이것들을 사하셨은즉 다시 죄를 위하여 제사 드릴 것이 없느니라"(히 10:14, 18).

희생 제물이신 그리스도

구약성경에는 세상 죄를 지고 희생하신 하나님의 어린양 그리스도를 예고하는 몇 가지 예표와 상징과 구절들이 있습니다. 제물로 죄를 없애지 못하는 구약의 희생 제사와 달리(히 10:4), 십자가에 달리신 그리스도의 희생은 죄를 영원히 '단번에' 없애십니다.

놋뱀
쳐다보는 모든 백성이
치유되다.

요단 강이 갈라짐
하나님이 여호수아를 불러
이스라엘을 인도하게 하시다.

하나님이 들려주시는 이야기는 오늘을 사는 나와 늘 연결되어 있어요. 아래 질문들에 답하면서 성경 이야기가 내 이야기와 어떻게 연결되는지 생각해 보세요.

▶ 죄책감은 어떤 감정인가요? 그것은 그리스도와의 관계에 있어 어떤 영향을 미칠까요?

▶ 소제와 관련해서 생각해 볼 때, 오늘날 우리는 하나님께 감사하는 마음을 어떻게 표현할 수 있을까요?

▶ 갈등이 일어나는 모습을 여기저기서 보게 됩니다. 과연 다른 이들과 어떻게 관계를 회복해 나가야 할까요?

▶ 제물에 드는 비용과 죄의 무게는 어떤 관계가 있을까요?

하나님의 이야기
하나님이 그분의 아들
예수 그리스도를 통해
우리를 구속해 주신 이야기

우리의 이야기
우리의 이야기가
하나님의 이야기와
만나는 곳

HEAD

생 각

그리스도의 단번의 희생 제사에 힘입어, 우리는 더 이상 자신의 속죄를 위해 희생 제물을 드릴 필요가 없어졌습니다. 오늘날의 희생 제물은 죄를 무마하거나 하나님께 은총을 입기 위한 것이 아닙니다. 오히려 하나님의 구원에 대한 반응으로서 감사와 믿음으로 드리는 희생 제물입니다.

- 구원이라는 위대한 선물을 주신 하나님께 우리는 어떤 희생 제물을 드리고 있습니까?

- 예수님의 희생을 제대로 이해하는 것은 하나님께 최고의 예물을 드리도록 어떻게 동기를 부여합니까?

HEART

마 음

레위기에 나오는 동물을 도축해 가죽을 벗기고 토막을 내고 불태우는 희생 제사 모습이 낯설지만, 두 가지 핵심을 볼 수 있습니다. 그것은 우리 죄의 심각성과 구세주의 필요성입니다.

- 희생 제물은 그것을 바친 사람이 자기 죄에 관해 어떻게 느끼게 만들어 줄까요?

- 희생 제물이나 구원자가 필요하지 않다는 것을 알지 못할 때, 우리는 죄를 어떻게 여길까요?

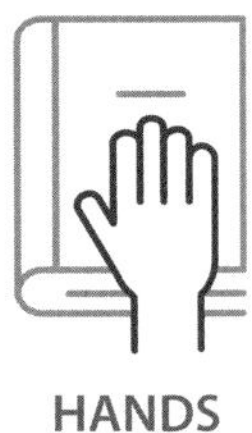

HANDS

행 동

바울은 "너희 몸을 … 산 제물로 드리라"(롬 12:1~2)라고 믿는 자들에게 권했습니다. 도축이 포함된 동물 제사와 달리, 소제에는 죽임이 없었지만 하나님께 드려진 후에 다른 사람에게 유익을 주었습니다. 예수님을 따르는 자들도 영적 은사를 사용해 다른 사람들을 섬길 수 있어야 합니다(롬 12:3~8).

- 우리를 위한 그리스도의 희생이 주님을 위해 살고 싶은 열망을 불러일으키는 이유는 무엇입니까?

- 하나님이 주신 은사는 무엇이며, 그것으로 다른 이들을 어떻게 섬길 수 있습니까?

> 다음 모임까지 레 19~25장을 읽어 보세요.

11

속죄제, 속건제

성 경 말 씀 레위기 5장 1~19절; 히브리서 9장 13~14절; 13장 11~12절

포 인 트 속죄 제사는 정결과 정화에 필요하다.

등 장 인 물 삼위일체 하나님(성부, 성자, 성령)
모세(하나님의 백성을 약속의 땅으로 인도하도록 선택됨)
아론(모세의 형, 하나님이 모세의 대변인으로 택하심)

메시지 좌표 이번 과에서는 속죄제와 속건제를 살펴봄으로써 구약성경에 나오는 희생 제사의 의미와 목적과 차이점 등에 관해 알아보겠습니다. 이 이야기에는 우리가 되새겨야 할 중요한 초점이 있습니다. 구약의 제사들을 고대인들의 원시적인 관행으로만 치부해서는 곤란합니다. 오히려 성경은 장차 우리를 위해 드리실 그리스도의 완전한 희생 제사를 살짝 엿보게 합니다. 이 제사들은 예수 그리스도를 가리키고 있습니다. 주님은 우리 마음을 정화하고, 우리 양심을 정결하게 하며, 우리를 자유롭게 해서 하나님의 영광을 위해 선한 일을 하도록 하십니다.

속죄 제사 (2부)

속죄제, 속건제

모세의 고별 설교

구속하신 하나님을
기억하라는 지침을 주다.

속죄제, 죄를 깨끗이 씻어 주마!

이스라엘 백성에게 속죄제는 고의 없이 저지른 죄들을 해결하기 위한 수단이었습니다. 이것은 부정해진 사람들을 정결하게 하기 위한 하나님의 해법이기도 했습니다. 속죄제에 관한 레위기의 이야기는 부정한 사람이 제물로 드리는 동물에 안수함으로써 죄가 어떻게 상징적으로 그에게서 제물로 전가되는지를 보여 줍니다. 물리적인 접촉만으로 속죄와 회복이 일어나는 것입니다.

자신이 죄인임을 깨달은 적이 있나요? 이때 죄를 숨기기 위해 애썼나요, 아니면 인정하고 회개했나요? 죄를 숨기면 죄책감이 덜할까요?

레위기 5장 5~6절

이 중 하나에 허물이 있을 때에는 아무 일에 잘못하였노라 자복하고 그 잘못으로 말미암아 여호와께 속죄제를 드리되 양 떼의 암컷 어린양이나 염소를 끌어다가 속죄제를 드릴 것이요 제사장은 그의 허물을 위하여 속죄할지니라

속건제, 잘못을 바로잡아 주마!

다른 이에게 손해를 끼친 후 양심은 어떨까요? 자신의 잘못을 알게 되면, 어떻게든 바로잡으려는 것이 인간의 본성이죠. 이스라엘 백성도 마찬가지였습니다. 이에 대한 하나님의 답은 속건제였습니다. 이 제사는 '속건제', '보상제', '배상제' 등 다양하게 번역되어 왔습니다.

속건제는 여호와가 지정하신 다섯 번째이자 마지막 제사입니다. 이 제사는 몇 가지 점에서 속죄제와 유사합니다. 속죄제와 마찬가지로 속건제도 고의가 아닌 죄의 예방에 관심을 기울였습니다. 특히 중점을 둔 부분은 다른 사람이 정당하게 소유한 물건을 빼앗음으로써 그에게 입힌 피해를 보상하는 것이었습니다. 레위기 5장은 속건제를 이렇게 묘사합니다.

여호와께서 모세에게 말씀하여 이르시되 누구든지 여호와의 성물에 대하여 부지중에 범죄하였으면 여호와께 속건제를 드리되 네가 지정한 가치를 따라 성소의 세겔로 몇 세겔 은에 상당한 흠 없는 숫양을 양 떼 중에서 끌어다가 속건제로 드려서 성물에 대한 잘못을 보상하되 그것에 오분의 일을 더하여 제사장에게 줄 것이요 제사장은 그 속건제의 숫양으로 그를 위하여 속죄한 즉 그가 사함을 받으리라 만일 누구든지 여호와의 계명 중 하나를 부지중에 범하여도 허물이라 벌을 당할 것이니 그는 네가 지정한 가치대로 양 떼 중 흠 없는 숫양을 속건제물로 제사장에게로 가져갈 것이요 제사장은 그가 부지중에 범죄한 허물을 위하여 속죄한즉 그가 사함을 받으리라 이는 속건제니 그가 여호와 앞에 참으로 잘못을 저질렀음이니라

자신도 모르게 누군가에게 상처 입힌 사실을 알게 된다면 이를 바로잡겠습니까? 이것이 왜 중요할까요?

____

____

____

오늘날 우리는 자신이 저지른 죄를 하나님 앞에서 어떻게 바로잡고 있습니까?

____

____

____

그리스도와의 연결

히브리서 저자는 대속죄일에 드리는 속죄제에 관해 잘 알고 있었습니다. 성령의 영감으로 이것이 예루살렘 성 밖에서 일어난 예수님의 피 흘리신 죽음을 예표한다고 믿었습니다.

히브리서 저자는 예수님의 죽음이 그리스도를 믿는 죄인들의 양심과 어떻게 연관되어 있는지를 분명하게 다루었습니다. 그리하여 히브리서 9장 14절에서 "하물며 … 그리스도의 피"가 어찌 이를 성취하지 못하겠느냐고 선포합니다.

이스라엘 백성은 육체적으로 '흠 없는' 동물을 바쳤습니다.

약속의 땅 정탐
정탐꾼들이 돌아와 보고하다.

놋뱀
쳐다보는 모든 백성이
치유되다.

그리스도는 '흠 없는' 유일한 인간으로 우리의 속죄를 위한 대속물이 되기에 적합하셨습니다. 그리스도는 죽임당한 희생 제물이자 대제사장이십니다('자기를 하나님께 드린' 분이기에). 그리스도는 단 한 번의 속죄 제사로 영원히 온전하게 용납되셨습니다(히 10:14). 예수님의 죽음을 통해 믿는 자들의 양심은 영원히 온전하게 깨끗하게 되었습니다. 범죄자의 양심이 더럽혀질 때마다 드려야 했던 이스라엘의 속죄제와는 다릅니다. 이 성결함 덕분에 믿는 자들은 '살아 계신 하나님'을 섬기는 데 자유롭게 되었습니다.

선행으로는 구원을 받을 수 없습니다. 그리스도의 구원이 사람들로 하여금 즐겁게 하나님을 섬기게 만듭니다. 히브리서 9장 13~14절에서 저자는 삼위(성부, 성자, 성령; 하나님, 메시아, 영원하신 영)가 함께 우리의 온전한 구원을 완성하셨음을 보여 줍니다.

> ### 히브리서 13장 11~12절
>
> 이는 죄를 위한 짐승의 피는 대제사장이 가지고 성소에 들어가고 그 육체는 영문 밖에서 불사름이라 그러므로 예수도 자기 피로써 백성을 거룩하게 하려고 성문 밖에서 고난을 받으셨느니라

> ### 히브리서 9장 13~14절
>
> 염소와 황소의 피와 및 암송아지의 재를 부정한 자에게 뿌려 그 육체를 정결하게 하여 거룩하게 하거든 하물며 영원하신 성령으로 말미암아 흠 없는 자기를 하나님께 드린 그리스도의 피가 어찌 너희 양심을 죽은 행실에서 깨끗하게 하고 살아 계신 하나님을 섬기게 하지 못하겠느냐

요단 강이 갈라짐

하나님이 여호수아를 불러 이스라엘을 인도하게 하시다.

여리고 전투

이스라엘이 여리고를 정복하도록 라합이 돕다.

알쌈 교리 **99**

속죄-만족설

만족설에 따르면, 그리스도의 대속은 하나님이 실패한 인간을 용서하시는 데 필요한 모든 전제조건을 만족시키는 사건이었습니다. 하나님은 합당한 영예를 받지 못하셨습니다. 예수님은 하나님이자 사람으로서 인류의 죗값을 치르기 위해 기꺼이 십자가를 지심으로써 죽음으로 하나님께 영예를 돌려드렸습니다.

11 속죄제, 속건제

하나님이 들려주시는 이야기는 오늘을 사는 나와 늘 연결되어 있어요. 아래 질문들에 답하면서 성경 이야기가 내 이야기와 어떻게 연결되는지 생각해 보세요.

▶ 레위기는 속죄제를 드릴 때 제물을 바치는 사람의 죄 고백이 따라야 함을 가르쳐 줍니다. 진심 어린 고백이 왜 중요할까요?

▶ 속죄제는 정결함에 대해 어떤 생각을 하도록 만드나요?

▶ 사람들은 예수님을 제쳐 놓은 채 죄의식에서 벗어나기 위해 어떻게 합니까?

▶ 정결한 양심은 하나님을 예배하는 데에 어떻게 힘을 실어 줍니까? 부정한 양심은 사명을 감당하는 데에 어떻게 걸림돌이 됩니까?

하나님의 이야기
하나님이 그분의 아들
예수 그리스도를 통해
우리를 구속해 주신 이야기

우리의 이야기
우리의 이야기가
하나님의 이야기와
만나는 곳

YOUR MISSION

생 각

HEAD

사람들은 양심의 문제를 스스로 해결하려고 애쓰지만, 문제의 뿌리를 뽑아 내지는 못합니다. 그것은 마음의 문제이기 때문입니다.

- 지금까지 한 말 가운데 가장 경솔했던 말은 무엇이었습니까?

- 예수님을 믿는 사람은 세상 사람들과 말과 행동이 달라야 한다는 것이 왜 중요할 까요?

마 음

HEART

예수님은 설교에서 마음의 정결을 강조하셨습니다. 하나님이 정결을 중요 하게 여기신다면, 하나님의 백성도 중요하게 여겨야 합니다. 우리를 대신해 그리스도께서 이루신 도덕적 온전함을 통해 값없이 받은 정결함을 드러냄 으로써 우리도 하나님처럼 세상에서 구별되어야 합니다.

- 오늘 대화할 때 자주 사용했던 단어가 무엇인지 생각해 보세요. 그 단어들을 통해 오늘 하루 나의 마음 상태가 어땠는지 돌아보세요.

- 지난 24시간 동안 내렸던 결정들을 생각해 보세요. 예수님이 그 결정들을 기뻐하 실까요? 그렇다면 또는 그렇지 않다면, 그 이유는 무엇입니까?

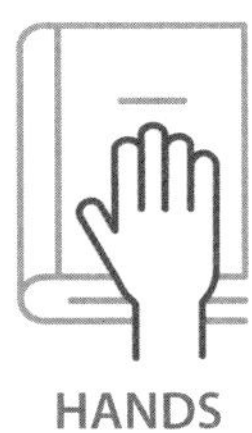

행 동

HANDS

속죄제와 속건제의 의미는 복음 전도로 이어집니다. 우리를 대신해 죽으신 그리스도의 희생을 통해 이것들을 선물로 받은 만큼, 우리도 다른 이들에게 선포해야 합니다. 죄 씻음은 오직 우리를 대속하신 그리스도의 죽음을 통해 서만 가능하다고 말입니다.

- 내 생각과 말과 행동에서 나타나는 그리스도인의 증거가 있다면 무엇입니까?

- 한 주 동안 내가 한 말과 행동에서 예수님이 드러났다고 자신할 수 있습니까?

> 다음 모임까지 레 26~27장; 민 1~5장을 읽어 보세요.

12

모세의 고별 설교

성 경 말 씀	신명기 10장 12~22절; 11장 1, 26~28절
포 인 트	하나님의 율법은 선물이다. 하지만 우리를 구원해 줄 수는 없다.
등 장 인 물	삼위일체 하나님(성부, 성자, 성령) 모세(하나님의 백성을 약속의 땅으로 인도하도록 선택됨)
메시지 좌표	모세오경에는 이스라엘의 광야 여정에 관한 광범위한 이야기가 들어 있습니다. 마침내 새 세대가 들어섰습니다. 그들은 여호수아의 지도 아래 약속의 땅에 들어가게 될 것입니다. 이들은 율법이 왜 중요한지, 하나님이 왜 이토록 많은 규칙을 따르라고 요구하시는지 궁금했을 것입니다. 모세는 이스라엘 자녀에게 주는 마지막 교훈, 즉 고별 설교에서 하나님이 그들에게 주신 율법이 어떤 면에서 그들의 행복을 위한 것인지 설명하고, 율법이 요구하는 것은 철저하게 완벽한 것이니 순종해야 한다고 주장했습니다. 하나님의 율법에 순종하면 축복을 받고, 불순종하면 저주를 받는다는 것이죠. 믿는 자로서 우리는 율법을 하나님이 주신 좋은 선물로 여기며, 불순종으로 인한 징벌에서 우리를 구원하신 예수 그리스도의 희생에 의지해 순종하며 살아야 합니다.

모세의 고별 설교
구속하신 하나님을
기억하라는 지침을 주다.

약속의 땅 정탐
정탐꾼들이 돌아와 보고하다.

율법, 사랑의 또 다른 이름

신명기 10장에서 모세는 하나님의 율법에 관한 진리를 설명하고 있습니다. 첫째, 율법은 하나님의 위대하심과 선하심을 드러냅니다. 모세가 하나님에 관해 어떻게 말하는지 주목해서 보세요(신 10:14, 15, 17, 18, 22 참조).

둘째, 하나님은 악행하는 자를 제지하기 위한 객관적인 기준을 세우고자 율법을 만드셨습니다. 율법에는 하나님이 구속받은 백성에게 "너는 마음을 다하고 뜻을 다하고 힘을 다하여"(신 6:5) 주님을 사랑하라고 요구하신 것의 의미가 무엇인지를 알 수 있는 구체적인 지침들이 들어 있습니다. 그 지침들은 다음과 같습니다.

· 주님을 경외하라(신 10:12, 20).
· 주님을 섬기라(신 10:12, 20).
· 주님의 모든 도를 행하라(신 10:12~13).
· 마음에 할례를 행하라(신 10:16).

> **신명기 10장 12~16절**
>
> 이스라엘아 네 하나님 여호와께서 네게 요구하시는 것이 무엇이냐 곧 네 하나님 여호와를 경외하여 그의 모든 도를 행하고 그를 사랑하며 마음을 다하고 뜻을 다하여 네 하나님 여호와를 섬기고 내가 오늘 네 행복을 위하여 네게 명하는 여호와의 명령과 규례를 지킬 것이 아니냐 하늘과 모든 하늘의 하늘과 땅과 그 위의 만물은 본래 네 하나님 여호와께 속한 것이로되 여호와께서 오직 네 조상들을 기뻐하시고 그들을 사랑하사 그들의 후손인 너희를 만민 중에서 택하셨음이 오늘과 같으니라 그러므로 너희는 마음에 할례를 행하고 다시는 목을 곧게 하지 말라

하나님을 사랑하는 것과 하나님께 순종하는 것은 어떤 연관이 있습니까?

____

____

하나님은 우리가 순종해야만 우리를 사랑하시는 분일까요?

____

____

율법, 항상 지켜야 하는 것

지난 과에서 배웠던 것처럼, 하나님은 이미 구속하신 백성에게 율법을 주셨습니다. 하나님은 우리에게 율법을 구원을 위한 수단으로 주신 것이 아닙니다. 희생 제물 법은 이스라엘 백성이 율법을 깨뜨렸을 때, 해야 할 지침을 주기 위한 것이었습니다. 율법은 하나님의 백성에게 유익을 주기 위해 축복으로서 만들어진 것입니다.

그런데 이것을 이스라엘 백성이 오해하면 어떻게 하죠? 하나님과의 관계를 위해 율법을 지켜야 한다고 생각하면 어떻게 하죠? 더 심각하게는 하나님의 신임을 얻기 위해서, 또는 구원의 유익을 얻기 위해서 율법을 지켜야 한다고 생각하면 어떻게 하냐는 것입니다. 실제로 많은 사람이 이런 실수를 범했습니다. 자신의 행위로 신의 사랑을 입을 수 있다고 생각하는 것은 인간이 가진 죄의 성향입니다. 세계의 대다수 종교 활동은 신을 향한 인간의 도를 닦는 시도로 볼 수 있습니다.

신명기 11장 1절에서 모세는 율법의 엄정함을 지적합니다. '항상'이라는 단어에 주목하세요. 율법의 요구는 엄격합니다. 선한 행동에는 쉬는 시간이 없습니다. 율법의 요구 아래 살아간다는 것의 핵심은 '율법은 온전함을 요구한다'는 것입니다. 희생 제물의 규칙들이 이 사실을 충분히 보여 주었다시피, 아무도 율법에 온전히 순종할 수 없기 때문에 모두가 율법을 범하고 말았습니다. 인간은 엄격한 율법 앞에서 갈수록 자신이 온전함과 얼마나 거리가 먼지를 깨달아 갑니다.

놋뱀
쳐다보는 모든 백성이
치유되다.

요단 강이 갈라짐
하나님이 여호수아를 불러
이스라엘을 인도하게 하시다.

> **신명기 11장 1절**
>
> 그런즉 네 하나님 여호와를 사랑하여 그가 주신 책무와 법도와 규례와 명령을 항상 지키라

그리스도와의 연결

인간은 불순종하는 성향을 가지고 있습니다. 우리는 하나님께 반역했고, 그래서 당연하게도 그의 저주 아래 있게 되었습니다. 때가 이르자 예수님이 오셔서 우리를 위해 그 저주를 받으셨습니다. 바울이 설명한 대로 "그리스도께서 우리를 위하여 저주를 받은 바 되사 율법의 저주에서 우리를 속량"하셨습니다(갈 3:13).

그리스도 안에 있는 모든 사람은 율법이 결정한 영원한 정죄로부터 해방되었습니다. 우리를 위해 저주를 받으신 그리스도를 믿는 믿음으로 자유롭게 된 것입니다. 이제 더 이상 저주를 두려워할 필요가 없습니다. "그러므로 이제 그리스도 예수 안에 있는 자에게는 결코 정죄함이 없나니 이는 그리스도 예수 안에 있는 생명의 성령의 법이 죄와 사망의 법에서 너를 해방하였음이라"(롬 8:1~2).

그러나 우리에게는 해야 할 일이 있습니다. "우리는 몸으로 있든지 떠나든지 주를 기쁘시게 하는 자가 되기를 힘쓰노라 이는 우리가 다 반드시 그리스도의 심판대 앞에 나타나게 되어 각각 선악간에 그 몸으로 행한 것을 따라 받으려 함이라"(고후 5:9~10). 혹은 야고보가 말한 대로 "자유의 율법대로 심판받을 자처럼 말도 하고 행하기도"(약 2:12) 해야 합니다.

여리고 전투

이스라엘이 여리고를 정복하도록 라합이 돕다.

아이 정복

한 사람의 죄가 주위 모든 이에게 부정적인 영향을 미치다.

알짬 교리 **99**

거룩하신 하나님

'하나님의 거룩하심'이란 창조된 모든 피조물과 구분되는 하나님의 고유성을 가리킵니다. 히브리어로 '거룩하다'는 '분리하다' 혹은 '구별하다'라는 뜻입니다. 하나님의 거룩하심은 그분의 절대적인 순수성을 가리키기도 합니다. 하나님은 세상 악에 의해 더럽혀지지 않으시며, 그분의 선하심은 완전합니다. 우리가 성경에서 발견하는 도덕적 규범은 그분의 거룩하신 성품을 반영하고 있습니다. 인간은 하나님의 형상대로 거룩하게 살도록 부름받았습니다.

하나님이 들려주시는 이야기는 오늘을 사는 나와 늘 연결되어 있어요. 아래 질문들에 답하면서 성경 이야기가 내 이야기와 어떻게 연결되는지 생각해 보세요.

▶ 왜 사람들은 하나님의 선하심은 제쳐 놓고 율법에만 초점을 맞출까요? 그렇게 하면 어떤 위험성이 있을까요?

▶ 율법은 하나님과 다른 사람들을 어떻게 사랑하면 되는지 상세히 가르쳐 줍니다. 구체적으로 어떻게 실천할 수 있을까요?

▶ 하나님의 율법을 이해하는 것이 주님의 성품을 이해하는 데 어떤 도움이 됩니까? 이런 식으로 하나님의 성품을 이해하는 것이 다른 사람들을 대하는 태도에 어떤 영향을 미칠까요?

▶ 속죄제와 속건제에 대해 배운 것이 내 삶에 주신 하나님의 명령을 이해하는 데 어떤 도움이 되었습니까?

하나님의 이야기
하나님이 그분의 아들
예수 그리스도를 통해
우리를 구속해 주신 이야기

우리의 이야기
우리의 이야기가
하나님의 이야기와
만나는 곳

YOUR MISSION

생 각

HEAD

우리는 규칙을 쓸데없이 제한하고 얽매는 것으로 이해하는 경향이 있습니다. 하지만 규칙은 자유를 억압하는 것이 아닙니다. 오히려 자유롭게 해 줍니다. 규칙이 없는 집이란 고집 센 어린아이가 쥐고 흔드는 집과 같습니다. 이런 집에서는 다른 가족이 행복하게 살 수 없습니다. 하나님의 백성에게는 인생 지침이 필요합니다.

- 하나님의 명령이 금지투성이라 부담스럽게 느껴진 적이 있습니까?

- 율법이 하나님의 도덕적 성품을 반영하는 것임을 깨닫는 것이 왜 중요할까요?

마 음

HEART

신명기 11장 1절에서 중요한 두 가지를 발견할 수 있습니다. 첫째, "네 하나님 여호와를 사랑하라." 하나님에 대한 우리의 사랑을 표현하는 길은 불손하지 않게 그분께 순종하는 것입니다. 둘째, 보기만 해도 겁나는 말인 '항상'입니다. 우리는 하나님이 주신 책무와 법도와 규칙과 명령을 항상 지켜야 합니다. 하나님은 사랑에서 우러나온 완전한 순종을 요구하십니다.

- 순종이란 단어를 들으면 가장 먼저 떠오르는 것이 무엇입니까? 왜 그럴까요?

- 율법을 잘 이해하는 것이 은혜에 대한 열망과 감사를 높이는 데 도움이 될까요?

행 동

HANDS

하나님의 명령이 우리의 선과 기쁨을 위한 것이며 하나님의 도덕적 성품을 반영하는 것임을 깨닫고 나면, 일상생활에서 하나님의 명령을 대하고 처리하는 방식이 바뀌게 될 것입니다. 그렇게 되면 하나님의 명령을 부담스러운 구속으로 여기지 않고, 하나님의 거룩하심을 따라 살기 위해 명령을 따르는 우리 모습을 주변 사람들도 보게 될 것입니다.

- 하나님의 명령을 따르는 사람은 그분에 대한 사랑을 어떻게 보여 주고 있나요?

- 하나님께 순종함으로써 변화된 사람을 보고 다른 사람들은 어떤 도전을 받을까요?

> 다음 모임까지 민 6~13장; 시 90편을 읽어 보세요.

출애굽기의 주요 인물

모세

이집트의 압제를 받던 시대에 히브리인 노예 가정에서 태어났다. 그 당시 있었던 유아 살해로 희생당할 뻔했지만, 하나님의 섭리로 살아남았고 파라오의 궁궐에서 자랐다. 결과적으로 하나님께 사용되어 하나님의 백성을 이집트의 노예 상태에서 건져 약속의 땅으로 인도했다. 전통적으로 성경의 처음 다섯 책은 모세가 쓴 것으로 알려져 왔다.

파라오

'파라오'는 고대 이집트의 왕을 이르는 이름이다. 출이집트의 정확한 연대와 관련해서는 학자들의 견해가 나뉘는데, 좀 더 이른 주전 1450~1425년경으로 보기도 하고, 주전 1304~1237년경으로 보기도 한다. 출이집트가 좀 더 이른 시기에 일어났다면 아멘호테프 2세, 후대라면 람세스 2세가 유력한 파라오 후보가 된다.

아론

모세가 히브리인들을 이집트의 노예 상태에서 인도해 내는 데 중요한 역할을 했던 모세의 형이다. 모세가 처음에 하나님께 말주변이 없다고 불평했기 때문에 아론이 모세의 지침을 받아 대신 말하고 행동했다(출애굽기에는 기록되지 않은 사실이다). 백성이 지속적으로 죄를 짓도록 한 우상(금송아지)을 만드는 것을 주도했지만, 훗날 성막에서 일하는 최초의 대제사장이 되었다. 성막은 인간의 삶 속에서 역사하시는 하나님의 은혜를 잘 보여 준다.

대제사장

대제사장 직분은 모세의 형 아론에게서 시작되어 대대로 그의 후손에게 전해 내려졌다. 대제사장에게는 많은 책임이 따르지만, 가장 중요한 것은 지성소에 들어가 속죄소에 피를 뿌리며 자신과 백성을 위해 속죄하는 제사다. 대제사장은 다른 제사장의 직무를 나누어 맡을 뿐 아니라, 궁극적으로 위대한 대제사장이신 다시 오실 예수 그리스도를 예표한다.

브살렐

하나님의 사명과 은사를 받아 일꾼과 장인들을 이끌고 광야에서 성막을 만들었다. 또 대제사장을 '영화롭고 아름답게'(출 28:2) 하기 위해 눈부신 보석과 정교한 디자인으로 대제사장의 의복을 만드는 사명도 받았다.

오홀리압

브살렐을 도운 장인으로 광야의 성막과 내부 성물을 만드는 데 일부 책임을 맡았다. 그의 기술은 하나님의 영이 그의 마음을 충만케 하신 결과였다.

성막

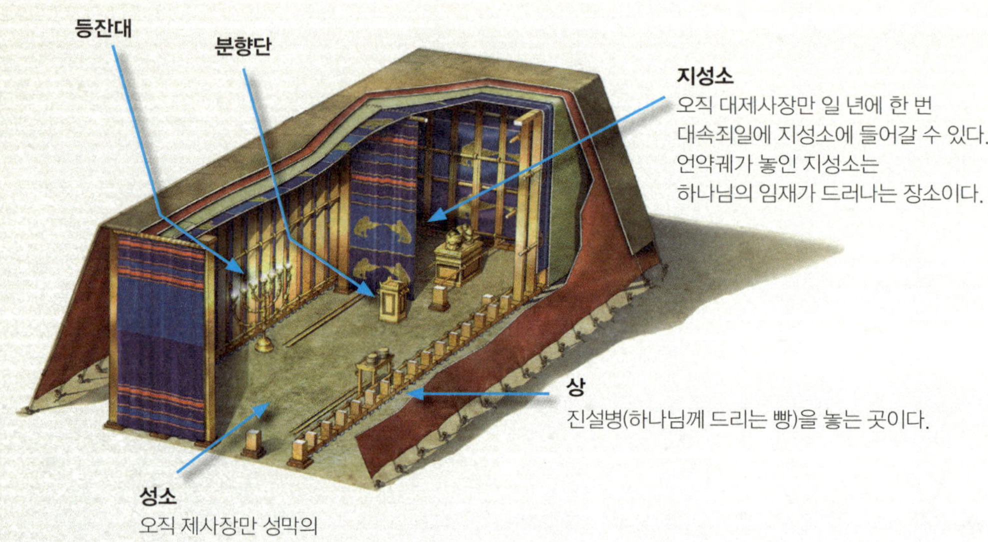

등잔대
분향단
지성소
오직 대제사장만 일 년에 한 번
대속죄일에 지성소에 들어갈 수 있다.
언약궤가 놓인 지성소는
하나님의 임재가 드러나는 장소이다.
상
진설병(하나님께 드리는 빵)을 놓는 곳이다.
성소
오직 제사장만 성막의
성소에 들어갈 수 있다.

물두멍
뜰
번제단
이스라엘 백성이라면 누구나 제사를
드리기 위해 성막의 뜰에 들어갈 수 있다.